D1673829

ALLE JAHRE NEU

ALLE JAHRE NEU

WEIHNACHTSMEDITATIONEN VON
KLAUS-PETER HERTZSCH
UND WEIHNACHTSBILDER AUS
THÜRINGER KIRCHEN UND MUSEEN

FOTOGRAFIERT VON CONSTANTIN BEYER

HERAUSGEGEBEN
VON CHRISTINE LÄSSIG

WARTBURG VERLAG
2005

Bibliografische Information Der Deutschen Bibliothek

Die Deutsche Bibliothek verzeichnet diese Publikation in der Deutschen
Nationalbibliografie; detaillierte bibliografische Daten sind im Internet über
http://dnb.ddb.de abrufbar.

Verlag und Herausgeberin haben sich nach besten Kräften bemüht,
die erforderlichen Reproduktionsrechte für alle Abbildungen einzuholen.
Für den Fall, dass wir etwas übersehen haben, sind wir für Hinweise
der Leser dankbar.

ISBN 3-86160-165-6

2., erweiterte Auflage
© Gesamtgestaltung: Katharina Hertel
© Wartburg Verlag GmbH Weimar 2005
Druck und Binden: Gutenberg Druckerei Weimar GmbH

Vorwort

Alle Jahre wieder hat der Jenaer Theologieprofessor Klaus-Peter Hertzsch die Weihnachtsgeschichte meditiert, seit 1980 in der Christvesper der Friedenskirche. In immer wieder neuen Anläufen, mit jeweils anderer Betonung und Schwerpunktsetzung hat er die alten Worte, die jeder kennt, neu gesagt und in den Kontext der letzten 25 Jahre am Übergang vom 20. zum 21. Jahrhundert gestellt. Oder andersherum: Er hat die Lebenserfahrungen seiner Zuhörer in den großen Horizont der Geschichte Gottes mit den Menschen hineingenommen, die in Bethlehem einen neuen Anfang nahm.

Klaus-Peter Hertzsch hat seine Predigten und Meditationen, Gedichte und Lieder, Balladen und das Krippenspiel immer als »Gebrauchstexte« verstanden, »nicht für die Nachwelt bestimmt, sondern jeweils für eine ganz konkrete Gegenwart, nicht als literarische Werke, sondern als Werkzeuge unseres Berufs«. Doch ob gewollt oder nicht, sind sie gerade durch den häufigen Gebrauch Literatur geworden. Das für den Augenblick Gesagte wurde festgehalten und wirkt nun über den Anlass hinaus. Der zur Trauung von Freunden geschriebene Text »Vertraut den neuen Wegen« steht als Lied im Evangelischen Gesangbuch. Die für seine Patenkinder nacherzählten Geschichten aus dem Alten Testament kennen Tausende. Und auch die Weihnachtsmeditationen sind nicht in Jena geblieben. Die Thüringer Kirchenzeitung «Glaube und Heimat« hat sie Jahr für Jahr nachgedruckt, und dieses Buch wird sie weiter bekannt machen. Weihnachten und Hertzsch - eine Gedankenverbindung, die sich allein schon durch zahllose Aufführungen seines »Thüringer Krippenspiels« nahelegt, wird so noch enger.

Der Weimarer Fotograf Constantin Beyer hat 25 Kunstwerke reproduziert, die Weihnachten ins Bild setzen und einen kleinen Ausschnitt aus dem großen Schatz an Gemälden, Textilarbeiten und Skulpturen bilden, die in Thüringer Stadt- und Dorfkirchen sowie Museen zu diesem Thema zu finden sind – anschaulich gewordene Frömmigkeit vergangener Jahrhunderte neben Gedanken über die immer wieder aktuelle Geschichte aus Bethlehem nach über 2000 Jahren. Der Weimarer Theologe und Museumspädagoge Horst Roeder gab viele Anregungen für die Bildauswahl.

Weimar, August 2005   Christine Lässig

ÜBER DIE GESCHENKE

Die meisten Menschen werden kaum an Weihnachten denken können, ohne sofort an Geschenke zu denken, Weihnachtsgeschenke. Je kleiner die Kinder sind, desto mehr stehen die Geschenke im Mittelpunkt der Freude. Gerührt, fast beschämt sehen wir das gelegentlich fassungslose Staunen, das strahlende Aufleuchten bei sehr kleinen Kindern vor ihrem Gabentisch, das grenzenlose Glück über vier oder fünf freundlich aufgestellte Gegenstände – zum Spielen, zum Essen, zum Gernhaben. Je älter einer wird, desto mehr muss er sich gegen das Gefühl wehren, dass die Geschenke zunehmend zum Problem werden. Was soll man alt Gewordenen schenken, die bereits mehr Dinge besitzen, als sie verbrauchen können? Was Erwachsenen, die sich alles, was sie nötig haben, jeden Tag im Jahr selber besorgen und anschaffen? Als Kinder haben wir uns gegenseitig Bleistifte unter den Christbaum gelegt, die wir vom Taschengeld gekauft hatten, haben wir uns über Bücher gefreut, die wir schon immer gern gelesen hätten. Wer kauft sich heute nicht seine Stifte, sobald er sie braucht? Wer nimmt die Neuerscheinungen nicht beim zufälligen Gang durch die Buchhandlung gleich mit? Vielleicht belasten wir andere nur mit unseren Geschenken? Vielleicht treffen wir gar nicht ihren Geschmack oder ihren Bedarf? Was ihnen gefällt, kaufen sie vielleicht am besten und am liebsten selber. Sollte man darum also nur noch Geld verschenken? Wie lange wird es aber dann noch dauern, bis wir uns zu Weihnachten nur noch bestimmte Summen auf unsere Konten überweisen. Was hätte das noch mit Weihnachtsgeschenken zu tun.

An dieser Stelle der Überlegung habe ich mich gefragt: Steht eigentlich im Weihnachtsevangelium etwas von Geschenken? Bei den Hirten gewiss nicht: All die freundlichen Vorstellungen, wonach sie Lämmer, Felle, Flöten gebracht haben, sind

Anbetung der Heiligen Drei Könige
Altarretabel aus der 2. Hälfte des 15. Jahrhunderts
Kirche St. Martin in Kunitz bei Jena

fantasievolle Zutaten, die im biblischen Bericht keinen Anhalt haben. Wohl aber bei den Weisen aus dem Morgenlande: von ihnen heißt es: »Sie taten ihm ihre Schätze auf und schenkten ihm Gold, Weihrauch und Myrre.« Sie also sind offenbar die Schutzheiligen unserer Weihnachtsgeschenke, die heiligen Paketauspacker und Gabenbringer. Bei genauem Zusehen aber zeigt sich eine Besonderheit: Es heißt keineswegs: Als Maria und Joseph oder gar das Kind ihre Geschenke sahen, wurden sie hocherfreut. Sondern es heißt merkwürdigerweise genau umgekehrt: Als die Weisen den Stern sahen und den Ort, da das Kind lag, wurden sie hocherfreut. Offenbar haben sie sich nicht als Geschenkebringer empfunden, sondern als Beschenkte. Dieses Kind zu finden, war ihr Christgeschenk.

Und nun fällt uns auch ein, dass wir im Weihnachtslied singen: »... der heut schleußt auf sein Himmelreich und schenkt uns seinen Sohn.« Paulus aber sagt darüber im Römerbrief: »Der auch seines einzigen Sohnes nicht hat verschont, sondern hat ihn für uns alle dahin gegeben: Wie sollte er uns mit ihm nicht alles schenken!« Nach dem Evangelium wird uns zu Weihnachten also nicht irgendetwas geschenkt, sondern alles. Im Grunde stehen sich zwei Weisen gegenüber, die Welt zu sehen. Die eine sagt, es wird uns im Leben nichts geschenkt – alles muss verdient, erarbeitet, zusammengetragen, festgehalten werden. Schon in der vorweihnachtlichen Kinderstube hält diese Meinung Einzug: »Wenn du dich weiter so beträgst, kannst du vom Weihnachtsmann bestimmt nichts erwarten.« Geschenke für die, die sie verdient haben, für die anderen die Rute. »Wenn die Kinder artig sind, kommt zu ihnen das Christkind«, heißt es beim Struwwelpeter. Später gilt das Prinzip von Gabe und Gegengabe: Von denen haben wir voriges Jahr etwas bekommen, von diesen nicht – je nachdem müssen wir uns dies Jahr verhalten – eine Hand wäscht die andere, es wird uns im Leben nichts geschenkt.

Genau das Gegenteil meint das Evangelium. Von dem, der in Christus zu uns kam, wird uns im Leben alles geschenkt, das ganze Leben wird uns geschenkt. Zeit wird uns geschenkt – und hier wird nun das Geschenk immer größer, je älter wir werden und dankbar erfahren, Gott schenkt uns noch Zeit.

Vertrauen wird uns geschenkt, Gemeinschaft – und hier werden wir immer dankbarer, je deutlicher wir erkennen, dass dies nicht selbstverständlich ist. Liebe wird uns geschenkt, Leben. Alles ist Gnade, alles ist Geschenk.

Es waren ja damals nicht nur die Bleistifte an sich oder diese und jene Bücher – was wir während des Jahres brauchten, haben wir ja auch damals schon anderweitig ebenfalls bekommen –; es ging vielmehr darum, dass dies alles im Licht des Christbaumes gelegen hatte und dadurch einen besonderen Glanz bekam: »Meine Weihnachtsbücher«, sagten wir, »meine Weihnachtssachen.« Gottes Geschenk zum Christfest an uns sind Alltage, alltägliche Dinge und alltägliche Menschen, die nun aber in einem neuen Licht erscheinen, von einem eigenen Glanz beleuchtet sind. Nun sind sie weder zufällig noch gleichgültig noch selbstverständlich, sie sind gottgegeben, sind sein Angebot an uns, seine Zuwendung zu uns, sind gleichsam lauter Weihnachtssachen und bekommen so ein neues Gesicht.

Aus dieser Erfahrung heraus sollte es uns leichter werden, auch bei dem, was wir einander schenken, umzudenken. Wenn die Menschheit in der Zukunft denken muss, im Äußerlichen einfacher und weniger anspruchsvoll zu leben, so sollte sie zugleich lernen, ihre Ansprüche beim Wesentlichen im Leben höher zu setzen. Wir sollten lernen, uns wenige Gegenstände zu schenken, aber viel Zeit, viel Freundlichkeit, viel Aufmerksamkeit, gut zureden und gut zuhören, Musik, Erfahrung, Zuwendung, auch Dankbarkeit – sie besonders. Dankbarkeit einem anderen zeigen, ist für ihn oft ein viel größeres Geschenk, als ihn zur Dankbarkeit zu verpflichten.

Gottes Geschenke sind von dieser Art, »der heut schleußt auf sein Himmelreich und schenkt uns seinen Sohn«: Wie sollte er uns mit ihm nicht alles schenken. Wie gut kann unser Jahr werden, wenn wir diesen Text weiter verfolgen: »Denn ich bin gewiss, dass weder Tod noch Leben, weder Gegenwärtiges noch Zukünftiges mag uns scheiden von der Liebe Gottes, die in Christus Jesus ist, unserem Herrn!«

ÜBER DEN HIMMEL

Was gehört noch zu Weihnachten? Der Himmel und das, was himmlisch ist. Allerdings darf das nicht zu Missverständnissen führen, wie es in manchen weihnachtlichen Volksliedern geschieht: »Schlaf wohl, du Himmelsknabe du, du süßes Kind« – hier ist übersehen, dass Gott nach dem biblischen Zeugnis gerade nicht zum Himmelsknaben wird, sondern zum Erdenmenschen, wie es jeder von uns ist. »Holder Knabe im lockigen Haar, schlaf in himmlischer Ruh« – hier ist übersehen, dass Jesus in dieser Welt gerade nicht in die himmlische Ruhe gekommen ist, sondern in die irdische Unruhe, in der auch wir sind.

Auf seine Weise gehört aber natürlich der Himmel zum Christfest. »Jauchzet, ihr Himmel, frohlocket, ihr Engel in Chören«, singt die Gemeinde. »Vom Himmel hoch, da komm ich her«, berichtet der Engel. »Er ist auf Erden kommen arm, dass er unser sich erbarm und in dem Himmel mache reich«, bekennt die Christenheit. Und von solchem Himmel redet ja auch die biblische Geschichte selber: »Und alsbald war da bei dem Engel die Menge der himmlischen Heerscharen ...«, jene Scharen, von denen es später heißt: »Da nun die Engel von ihnen gen Himmel fuhren.« Dort kommen sie her. Dorthin kehren sie zurück. Von dorther leuchtet die Klarheit des Herrn.

In unseren Kindertagen führte das dazu, dass wir uns eine ganze Weihnachtswelt in solchen himmlischen Obergeschossen ausmalten. Die Adventskalender und die Weihnachtsmärchen führten hinauf in die Wolken, wo fleißige Engel am Werk, Weihnachtsbäckereien im Gange, Wunschzettel der Kinder gestapelt, viele gute Geister unter schneebedeckten Fachwerkgiebeln zu Hause waren. In Wirklichkeit träumten wir uns damit eine schöne freundliche Erdenwelt, ein friedliches und

Geburt Christi
Flügelaltar von 1484
aus der Kirche zu Breitenheerda bei Stadtilm
Kunstsammlungen zu Weimar

einladendes großes Zuhause in die fernen Räume über unsern Dächern und Städten.

Ab und zu wird behauptet, englischsprachige Völker seien besser dran, weil sie für unser Wort »Himmel« zwei Bezeichnungen haben: »sky« – den physikalischen Weltraum und »heaven« – den religiösen Gedankenraum. Aber ich bin nicht sicher, ob diese Trennung wirklich so hilfreich ist. Denn beides gehört doch auch zusammen: Im Sommer unter einem großen, blauen, strahlenden Himmel zu liegen, »still im hohen, grünen Gras und sende lang meinen Blick nach oben« –: Dieser Blick in den Himmel gibt ein Gefühl von Sehnsucht und Weite, das in uns ist und doch von diesem Himmel uns geschenkt. Im Winter unter einem funkelnden, sternenklaren Himmel zu wandern, Tausende von Lichtern über uns und das Land darunter wie überstrahlt von großer Herrlichkeit: Das erzeugt in uns ein Gefühl von Schönheit und gottgegebener Ordnung der Welt, das in uns ist, aber das sich doch dem Blick verdankt, der über uns hinausgeht. Solcher Himmel also von Weite und Freiheit, von Klarheit und Ordnung ist gewiss etwas in unserm Innern; aber es ist in uns, weil er über uns ist.

Das ist offenbar der Grund, warum der himmlische Raum immer auch Bild und Zeichen gewesen ist für die Wirklichkeit Gottes. Was wir von Gott wissen, ist in uns, weil er über uns ist. Gott ist nicht nur in uns, Idee und Gedanke, er ist nicht nur außer uns, Gegenstand unserer Messungen und Betrachtungen; er ist »sky« und »heaven« zugleich: in uns, weil er über uns ist.

Die merkwürdige Doppelempfindung, die der Himmel vermittelt, spricht das Wesen Gottes in besonderer Weise aus: Der Himmel wölbt sich groß wie ein bergendes Dach, wie ein himmlisches Zelt über uns – wir sind zu Hause unter dem Himmel Gottes. Zugleich ist dieser Himmel unendliche Tiefe, nicht abmessbarer Raum, offen ins Ewige hinein. Der Vater unser im Himmel ist zugleich der, der die Tür weit auftut, dass wir einziehen in sein bergendes Vaterhaus, und zugleich der Unendliche, der uns ins Unabsehbare, Ewige führen will.

Und dass der Himmel uns allen gemeinsam ist, dass nicht nur die Hirten gleich neben dem Stall von Bethlehem unter diesem

Himmel die Heilige Nacht erleben, sondern auch im fernen Land die Weisen und Sternenbetrachter unter demselben Himmel von der Geburt des Herrn Kundschaft erhalten, das kann ein Bild sein für Gott, den Heiligen Geist: Er führt Menschen zusammen und verbindet sie miteinander, die in vielen Ländern leben und in vielen Jahrhunderten, aber alle unter dem einen Himmel.

In Christus geht es nicht um den Himmel auf der Erde. Viele haben versucht, ihn zu schaffen, aber sie haben die Erde damit eigentlich nur schwieriger gemacht. Es geht aber auch nicht um den Himmel statt der Erde. Viele haben sich der Welt entziehen wollen und ins Himmlische auswandern; aber sie haben den Himmel damit nur unglaubwürdiger gemacht. Es geht um den Himmel über der Erde, der sie überwölbt und etwas ahnen lässt von der Schöpfung Gottes und der sich öffnet und so etwas sehen lässt von der Klarheit des Herrn.

Zuletzt ist auch freilich dieser unser Himmel etwas Vorläufiges, und die Klarheit ist über und hinter ihm, das ewige Wort des Schöpfers und Erlösers, das uns zu Weihnachten trifft. Denn es geht aus von dem Gott, der vor aller Zeit und Welt war und von dem berichtet wird: Im Anfang schuf er Himmel und Erde. Und hier wird einer geboren, der von sich sagt: »Himmel und Erde werden vergehen. Aber meine Worte vergehen nicht.«

Wir wollen über die Hoffnung reden, über Weihnachten und die Hoffnung. Vielleicht ist das ungewöhnlich. Wenn wir an Weihnachten denken, denken wir eher: Erfüllung. Was verheißen wurde, ist erfüllt. Was erwartet wurde, ist eingetreten. Einst Geträumtes ist Wirklichkeit.

Bei den Gabentischen unter dem Christbaum ist das handgreiflich, und für die Kinder ist der Heilige Abend ein Abend erfüllter Wünsche: Sie haben die Schlafpuppe auf den Wunschzettel geschrieben, nun sitzt sie da; sie haben von dem Fahrrad geträumt, nun steht es vor ihnen.

Bei den Erwachsenen ist das allerdings schwieriger. Ihre Wünsche sind allgemeiner, und darum können sie sich nicht so handgreiflich erfüllen. Kindern scheint es abwegig und etwas wie eine Ausflucht für Fantasielose, wenn sie die Eltern nach Wünschen fragen und die Antwort bekommen: »Ich wünsche mir freundliche und hilfsbereite Kinder.« Wenn die Großeltern sagen: »Vor allem möchten wir ein paar schöne, ruhige, gemeinsame Stunden.« Wenn sie den Seufzer hören: »Frieden in der Welt wünsche ich mir und dass das neue Jahr besser wird, als das vergangene gewesen ist.« Aber das ist keine Ausflucht, sondern trifft den Kern. Sicher wäre es ganz schön, dies oder das noch zu besitzen; aber das, was wir uns eigentlich, was wir uns heftig und schmerzlich wünschen, das kann man uns nicht erfüllen unter den Weihnachtsbaum legen. Denn das muss sich ereignen, das müsste geschehen.

Wovon redet die biblische Weihnachtsgeschichte: Von Erfüllung oder von Verheißung? Sie redet offenbar von beidem. In der Botschaft des Engels heißt es: »Euch ist heute der Heiland geboren«, und es heißt zugleich: »Freude, die allem Volke widerfahren wird«. Der Gesang der himmlischen Heerscharen kann nicht bedeuten: Von jetzt an ist auf der ganzen Erde Frie-

Verkündigung an Maria und Geburt Christi
Flügelaltar von 1490 aus der Jenaer Werkstatt
von Johann Linde
Kirche in Oberloquitz bei Probstzella

den – solch ein Gesang wäre längst widerlegt und überholt. Gesungen wird vielmehr: Frieden ist möglich, von nun an wahrhaft möglich.

Im Mittelpunkt dieser Geschichte steht ja ein Kind, ein neu geborenes, eben auf die Welt gekommenes. Das ist ein Urbild der Hoffnung. Es ist Erfüllung – denn ein Kind wird lange erwartet. Nun ist es da – aber es ist zugleich Verheißung, Beginn von Zukunft. Noch ist es winzig, hilflos, tatenlos –; aber was ist alles für solch ein Kind und von solch einem Kind zu erwarten!

Lukas berichtet, dass zur Zelt des Cyrenius einer zur Welt gekommen ist, von dem Großes zu erwarten war. Das bedeutet aber: Hirten und Weise, Maria und Joseph – was bringen sie mit aus dem Stall von Bethlehem? Sie bringen Hoffnung mit, begründete Erwartung, Zusage. Sie bringen die Zuversicht mit, dass es nie mehr so wird, wie es vorher war, dass etwas in Gang gekommen ist, dass es eine Möglichkeit gibt, anders zu leben und anders zu werden. Das Neue ist schon in der Welt – schon Wirklichkeit und noch zu erwarten.

Im Grunde ist es bei den Geschenken unter dem Christbaum auch nicht anders. Auch diese Geschenke sind Hoffnungen und Möglichkeiten. Was die Puppe verspricht, wird sich erfüllen, wenn das Kind mit ihr spielt. Das neue Fahrrad ist die Hoffnung auf viele schöne Fahrten. Was das Buch verspricht, wird sich erst erfüllen, wenn es gelesen wird. Das Radio unter dem Weihnachtsbaum ist die Hoffnung auf viele schöne Programme. Der Wert der Geschenke liegt in der Zukunft. Sie bedeuten Hoffnung auf neue Möglichkeiten.

Könnten wir es so nicht auch halten mit den schwierigeren, den größeren Wünschen der Erwachsenen? Indem wir uns zu Weihnachten einander zuwenden, uns Freundlichkeit und Aufmerksamkeit schenken, einander ernster nehmen – die Nächsten wie die Fernsten in unserer Welt –, könnte dies ein Angebot sein von gutem Willen, Hoffnung auf neue Möglichkeiten, Zuversicht, dass wir anders und besser miteinander leben könnten.

Die Weihnachtsgeschichte jedenfalls ist solch eine Zusage Gottes, eine Willenserklärung vom Herrn der Welt. Bei ihm allerdings geht es nicht nur um gute Vorsätze, von denen niemand weiß, was aus ihnen wird. Gottes Wille ist die Grundlage jeder Wirklichkeit. Seine Willenserklärung ist Grundsteinlegung für neue Wirklichkeit, ist Grund zur Hoffnung, Hoffnungsgrund.

Wir sind heute hin und her gerissen zwischen der Stoßaktion und der Resignation: auf einen Schlag alles ganz anders machen zu wollen oder nach einem Schlag alles ganz aufzugeben. Weihnachten aber ist Aufbruch auf den langen, getrosten Weg der Hoffnung. Da singen wir wohl »Noch manche Nacht wird fallen auf Menschenleid und -schuld«, aber wir singen auch »Doch wandert nun mit allen der Stern der Gotteshuld«. Denn wir wissen: Heute ist geschehen, was uns morgen tragen wird. Die Geschichte wird nie mehr zurückkehren vor Christi Geburt, sondern sie kommt nun von ihm her und geht auf ihn zu. Die Zukunft erwarten wir, ängstlich oder planend, hoffnungsvoll oder resigniert. Aber Christi Reich erwartet uns und hat seine Türen weit aufgetan, erwartet uns quer durch die Zeit, unaufhörlich, jetzt.

ÜBER DEN STALL

Die Weihnachtsgeschichte ist eine Stallgeschichte. So singen jedenfalls die Weihnachtslieder. »Schaut hin, dort liegt im finstern Stall des Herrschaft gehet überall.« »Zieh in mein Herz hinein vom Stall und von der Krippen.« Die Geschichte im Evangelium allerdings erzählt nur von der Krippe, vom Stall nicht. Die kurze Bemerkung, dass das Kind in eine Krippe gelegt wurde, »denn sie hatten sonst keinen Raum in der Herberge«, hat eine Kette von Rückschlüssen bewirkt: Dann muss das Kind also im Stall geboren sein, denn wo sollte sonst eine Krippe stehen? Dann waren die Herbergen, die Gaststätten, die Logierhäuser also schon belegt. Dann waren die Häuser also verschlossen. Dann waren die Menschen, die in Bethlehem wohnten, also abweisend und hartherzig.

Aus dieser Kette von Rückschlüssen sind handfeste Szenen, bewegende Krippenspiele, mahnende Predigten entstanden: Szenen von der vergeblichen Herbergssuche, Krippenspiele mit behäbigen Wirten, zugeworfenen Türen, verschlossenen Fenstern und verschlossenen Herzen, Predigten, die eigentlich einen ganz anderen Text zur Grundlage hatten, den Text aus dem Johannesevangelium: »Er kam in sein Eigentum, aber die Seinen nahmen ihn nicht auf.« Sind damit die Leute von Bethlehem gemeint oder vielleicht nicht ganz andere?

Möglicherweise verdankt sich diese ganze Gedankenkette dem Lebensgefühl der deutschen Bauernstube, wo allenfalls der Stallknecht und der Landstreicher beim Vieh untergebracht wurde, während alle anderen, Hausbewohner und ihre willkommenen Gäste, in der Wohnstube ihren Platz haben, am Kachelofen, am Familientisch, unter dem Federbett. Oder gar dem Lebensgefühl moderner Groß- und Trabantenstädte, wo man bei dem Wort »Stall« allenfalls noch an Holzstall und

Geburt Christi
Emporenmalerei aus dem frühen 16. Jahrhundert
Stadtkirche St. Georg in Schmalkalden

Kaninchen-Verschlag denkt, Räume, in denen nur ganz Heruntergekommene einen Unterschlupf finden.

Ich überlege, ob man die Geschichte vom Stall in Bethlehem nicht auch ganz anders erzählen kann, zumal nachdem ich mich habe belehren lassen, wie man sich das Bethlehem jener Tage vorzustellen hat. Eine Karawanserei oder ein richtiges Übernachtungshaus hat es in diesem kleinen, etwas entlegenen Ort wahrscheinlich nie gegeben. Viele Anwesen aber bestanden dort aus geräumigen Höhlen, die in den Felsen gehauen waren und auf denen jeweils oben aufgesetzt ein kleines Gemach gebaut war, in dem die Habe aufbewahrt und die ganze Familie untergebracht wurde, erreichbar durch eine Leiter oder schmale Treppe; geschlafen hat man aber wohl noch einen Stock höher auf dem flachen Dach dieser Stube. Der untere, ebenerdige Raum, leicht zugänglich und felsig kühl in den drückenden Temperaturen jener Gegend, war für das Vieh; die Menschen konnten ja die Leiter hinaufsteigen in die Kammer und aufs Dach.

Wenn wir uns nun vorstellen, die hochschwangere Frau, bei der vielleicht die Wehen schon eingesetzt haben, kommt mit ihrem Mann in diesen Ort – was hat sich ereignet? Ich denke mir, die Leute von Bethlehem haben sich mit schlichtem Einfühlungsvermögen eine Möglichkeit überlegt oder – noch wahrscheinlicher – sie verfuhren so, wie sie es immer taten, wenn eine Frau niederkam. Wie soll die Frau die Leiter hinaufsteigen?, haben sie gesagt. Wer will ihr zumuten, in dieser überfüllten Kammer oder gar noch einen Stock höher auf dem Dach ihr Kind zur Welt zu bringen? Das Vieh muss Platz machen. Der in den Fels gehauene Futtertrog muss gesäubert werden. Im kühlen, ebenerdigen Raum soll die Frau ihr Kind zur Welt bringen, wie auch unsre Frauen dort ihre Kinder zur Welt bringen. Denn sie hatten sonst keinen geeigneten Raum für die, die sie beherbergten.

Vielleicht haben Maria und Joseph sich unter diesen Menschen ganz wohl gefühlt und waren gern bei ihnen. Sie gaben, was sie hatten, und Maria und Joseph brauchten nicht mehr, als sie gaben. Vielleicht also beschuldigen wir die Menschen in Bethlehem ganz zu Unrecht, indem wir Maria und Joseph einreden, sie müssten viel höhere Ansprüche für sich und ihr Kind stellen: die Bauernstube und den Kachelofen und das Federbett oder die Neubauwohnung mit der Fernheizung und dem Föhn über der Wickelkommode, dem elektrischen Grill und die warme Dusche für Maria, Joseph und das Kind, das Auto statt der Füße, den Düsen-Jet statt des Esels, den perfekten Wohlstand statt der menschlichen, aber primitiven Welt.

Vielleicht waren Maria und Joseph ganz einverstanden mit dem, was man ihnen da anbieten konnte, weil ihnen andere Dinge viel wichtiger gewesen sind: die Freude der Hirten zum Beispiel und vor allem die Worte des Engels, die Worte der Verheißung und der Friedenszusage. Es heißt ja, Maria habe alle diese Worte behalten und in ihrem Herzen bewegt. Und es steht überhaupt nichts davon da – und das hätte bei so viel vermuteter Unfreundlichkeit ja auch leicht geschehen können –, dass Maria alle diese Unzulänglichkeiten ihr Leben lang im Gedächtnis behielt, den Ärger darüber, wie kümmerlich das alles war und wie unfreundlich, dass sie ihr Kind in eine Futterkrippe hatte legen müssen. Mir scheint es möglich, dass ihr anderes wirklich viel wichtiger war.

Unser scheinbar so frommer Zorn auf die Leute von Bethlehem, unsere Abschätzigkeit ihnen gegenüber hat seine Wurzel vielleicht nur in unseren ständig wachsenden Bedürfnissen, von denen wir annehmen, dass sie auch Jesu Bedürfnisse gewesen sind. Aber mir scheint denkbar, dass Jesus mit den Menschen von Bethlehem ganz zufrieden war, aber mit uns nicht zufrieden ist: Weil wir Dinge ungeheuer wichtig nehmen, die nicht so wichtig sind, und sehr viel Wichtigeres darüber vergessen, weil uns Dinge zunehmend lebenswichtig scheinen, an denen das Leben gar nicht hängt, weil wir solche Angst um unsern Reichtum und den Bestand unseres komfortablen Daseins haben, dass wir immer mehr auf Kosten der Armen und Benachteiligten leben.

Das heißt sicher nicht, dass Jesus ein Ideal der Askese und der Kasteiung gelebt und gepredigt hätte. Soweit wir aus dem Evangelium wissen, hat er gern gegessen und getrunken und hat es andern nicht ausgeredet; aber niemals hat für ihn Lebenssinn und Lebenswert daran gehangen. Jesus sagt auch nicht, dass wir anspruchslos werden sollen; denn auch er war in keiner Weise anspruchslos. Nur: An den Lebenskomfort stellte er keine Ansprüche, wohl aber an die Menschlichkeit. Er war selber unersättlich und hat uns aufgefordert, das Äußerste zu verlangen, wenn es um unsere Seligkeit geht, um Gotteserkenntnis, um unser Heil – also um Lebenssinn und Lebenserfüllung. Ich meine darum: Jesus hat den Menschen nie zum Vorwurf gemacht, dass sie in Bethlehem nichts Besseres als eine Krippe für ihn zur Verfügung stellen konnten. Aber er hat ihnen sehr zum Vorwurf gemacht, dass sie sein Wort nicht annahmen und meinten, ohne sein Heil auskommen zu können.

In unseren Tagen geht ein Zeitalter zu Ende, das seine Hoffnung auf immer perfekteren Wohlstand setzt. Und mit Jesus war doch längst das Zeitalter angebrochen, das seine Hoffnung auf das kommende Gottesreich, also auf das Wesentliche gesetzt hat. Was die europäische Menschheit gehofft hat, erweist sich heute als unerfüllbar, als unbrüderlich und gefährlich für die andern und für uns selbst. Aber was er gehofft hat, der mit dem Stall und der Krippe ganz einverstanden war als Dach über dem Kopf und Lager für die Nacht, was er gehofft hat, erweist sich als bleibendes Licht am Horizont der müden Menschheit, als ein Ziel, auf das gemeinsam zuzuwandern sich lohnt. Denn was er verheißt, ist nicht das perfekte Leben, sondern das erfüllte.

Geburt Christi
Flügelaltar einer Saalfelder Werkstatt von 1490
Kirche in Zeigerheim bei Rudolstadt

Über die Wünsche

Manche Geschichten sollen in der Zeit spielen, »als das Wünschen noch half«, und jedermann versteht, damit ist also eine Zeit gemeint, die es gar nicht gibt und nie gegeben hat. Aber unsere Kinder wissen das besser: Es gibt sehr wohl solch eine Zeit, in der das Wünschen hilft – nämlich die Weihnachtszeit: Zeit der Wunschträume, die man zu Papier bringt, Zeit der Wunschzettel, auf die viele Kinder in den letzten Wochen geschrieben haben: «Ich wünsche mir ...« Denn sie haben im vergangenen Jahr die Erfahrung gemacht, dass solches Wünschen durchaus zu manchem geholfen hat. Weihnachten ist eine Zeit, in der es gut ist, sich über seine Wünsche klar zu werden: Was wünsche ich mir eigentlich? Für Kinder ist das nicht so schwer, für uns Erwachsene ist das viel schwerer.

Wir haben offenbar zunehmend Mühe mit unseren Wünschen. Was soll ich mir schon wünschen, sagen viele achselzuckend. Sie haben kein Vertrauen mehr zu ihren eigenen Wünschen. Bei manchen kann es seinen Grund darin haben, dass sie alles Mögliche schon besitzen. Sie haben, was sie brauchen, und haben mehr als sie brauchen. Das heißt allerdings keineswegs, dass sie nun glücklich und zufrieden sind. Im Gegenteil: Sie wissen nicht, was sie sich wünschen sollen und sind dabei doch oft unzufrieden und leer – wunschlos unglücklich. Bei andern kann es seinen Grund darin haben, dass sie der Zukunft nichts mehr zutrauen. Es hat sowieso keinen Sinn, sich etwas zu wünschen, sagen sie, weil sich doch nichts mehr ändert. Sie sind wunschlos, weil sie hoffnungslos sind.

Solche Menschen haben es allerdings wirklich schwer, Weihnachten zu begehen und zu verstehen. Denn Weihnachten ist das Fest derer, die Wünsche hatten und Wünsche haben. Die

Botschaft des Engels »Ich verkündige euch große Freude« geht an Menschen, denen gesagt wird: »Euer Wunsch ist erfüllt. Euch ist heute der Heiland geboren.« Das Volk des alten Bundes, zu dem die Hirten auf Bethlehems Feldern gehören, war dadurch gekennzeichnet, dass es tiefe und sehnsüchtige Wünsche hatte. Sein Leben war ein einziges großes Wünschen, Sehnen, Hoffen, Ausschau halten, das zusammen floss in der Sehnsucht nach dem Messias, auf griechisch: dem Christus. Wenn er doch käme – im nächsten Jahr oder morgen, vielleicht schon heute! Als sie hörten: »Euch ist heute der Heiland geboren, welcher ist Christus, der Herr«, da wussten sie sofort Bescheid, da wurden sie fröhlich und brachen auf, da breiteten sie dieses Wort aus, da priesen sie Gott. Denn in Erfüllung war gegangen, was sie sich immer und immer gewünscht hatten.

Unsere Generation muss es wohl wieder neu lernen, Wünsche zu haben, mit ihrem ganzen Herzen etwas zu wünschen, Mut zur Vision einer besseren Zeit, Zuversicht, dass uns allen noch Großes und Schönes bevorsteht, wenn wir es nur von ganzem Herzen wünschen. Nennt uns das Evangelium nicht Kinder Gottes? Kinder haben nicht Macht und haben keine Reichtümer – wir auch nicht. Was sie aber haben, das ist eine Fülle fröhlicher, unbefangener, vertrauensvoller Wünsche. Solche Kinder will offenbar auch der himmlische Vater, dass auch sie an ihn eine Fülle unbefangener, vertrauensvoller, herzlicher Wünsche haben.

Nicht zufällig schließen viele unserer Advents- und Weihnachtslieder mit solch einer Wunsch- und Bittstrophe. Ich wünsche mir: »Komm, o mein Heiland Jesu Christ!« »Zieh in mein Herz hinein vom Stall und von der Krippen!« »Schenke, was man bitten kann, zu erquicken deine Brüder. Gib der ganzen Christenschar Frieden und ein seliges Jahr.« »Sei uns freundlich! Bring uns alle dahin, da mit süßem Schalle dich der Engel Heer erhöht!« - All das wünschen wir uns.

Freilich kann jetzt jemand sagen: Sehen Sie sich die Menschen doch an! Da gibt es doch sehr wohl auch viele Erwachsene, die eine Menge von Wünschen haben, die gerade dadurch unglücklich werden, dass sie so entsetzlich viele Wünsche haben, Wünsche nach tausend Dingen, die es nicht oder für sie nicht gibt und die ihnen sehr begehrenswert scheinen, nach Dingen, die andere haben – die Nachbarn, die Leute mit Beziehungen. Die Werbung, die uns heute all überall umgibt, ist ja bemüht, bei den Menschen immer neue Wünsche zu wecken, Bedürfnisse anzuregen, die bisher keiner kannte, viele Dinge begehrenswert zu machen, ohne die man bisher gut auskam – ab heute nicht mehr: nach der alten Weise »Je mehr er hat, je mehr er will«, Wünsche, Ansprüche, Verlockungen.

Bei solcher Beobachtung sollten wir uns an jene klugen Märchen erinnern, in denen von einem Menschen erzählt wird, der drei Wünsche frei hatte. Nun wünscht er sich lauter Entbehrliches, Überflüssiges, ja bald Lästiges und Ärgerliches. Dann aber hat er seine Wünsche vertan, und das Wesentliche und Wichtige sich zu wünschen, hat er vergessen. In diesen Märchen ist eine tiefe Weisheit enthalten. Geht sorgsam um, sagt sie, mit euren Wünschen! Dass ihr nicht über den unnützen die wichtigen vergesst und versäumt. Denn wer sich zu sehr gefangen nehmen lässt von den Wünschen nach dem Überflüssigen, der läuft Gefahr, dann keine Wünschkraft mehr frei zu haben für das Wesentliche, es darüber zu vergessen und zu versäumen.

Es ist also nicht nur wichtig zu lernen, wieder Wünsche zu haben, sondern zu lernen, das Wesentliche zu wünschen, das wirklich Wichtige, das Notwendige für unser Leben. Wieder erinnern wir uns an die biblischen Väter. »Was der alten Väter Schar/höchster Wunsch und Sehnen war«, singt das Adventslied von ihnen, »und was sie geprophezeit,/ist erfüllt in Herrlichkeit.« Was war ihr höchster Wunsch und Sehnen? In ihren Psalmen haben sie davon geredet: »Meine Augen sehnen sich nach deinem Wort.« »Habe deine Lust an dem Herren. Der wird dir geben, was dein Herz wünscht.« Sie haben gewusst, was wichtig zum Leben und was tragender Grund ist. Darum hatten ihr Wunsch und Sehnen auch die Verheißung, erfüllt zu werden »in Herrlichkeit«.

Wonach geht unser höchster Wunsch und Sehnen? Ist es etwas, das zu wünschen sich wirklich lohnt? Sehnen wir uns nach dem Wesentlichen, dem wirklich Helfenden? Es gibt Wünsche, die kommen und gehen wieder – und das ist richtig so. Es gibt auch Wünsche, die wir nicht erfüllen sollten, sondern vergessen. Aber die Wünsche nach dem Großen, nach dem Bleibenden, die Sehnsucht nach Gottes Heil und dem erfüllten Leben, diese Wünsche sollen bleiben. Das ist die Sehnsucht, die uns wünschen lässt, dass Gottes Vatername geheiligt wird, dass sein Reich endlich komme, dass sein Wille geschehe nicht nur im Himmel, sondern endlich auch auf Erden. Diesen Wünschen gilt die Verheißung. Und sie sind Wünsche, die uns zusammenschließen mit den Müttern und Vätern früherer Jahrhunderte, mit den Schwestern und Brüdern in vielen Ländern unserer Erde. Es sind die Wünsche der Christenheit.

Und jetzt fällt uns ein: Weihnachten heißt es ja nicht nur »Ich wünsche mir«, sondern auch »Ich wünsche dir«. Es ist ein Fest, an dem man sich gegenseitig vieles wünscht: Glück und Gesundheit, ja alles Gute, ein gesegnetes Fest, fröhliche Weihnachten, ein friedliches Jahr. Wenn dies alles so gemeint wäre, wie es gesagt wird, wenn dies alles so ernst genommen würde, wie es geschrieben und gelesen wird – welch ein Reichtum käme in unsere Welt! Auch das ist also für uns zu lernen: unsere Wünsche für die anderen wirklich ernst zu nehmen, zu bedenken, welche Konsequenzen sich für uns aus ihnen ergeben. Glück einem anderen zu wünschen. Fröhlichkeit, Frieden, das heißt doch: Ich sehne mich selbst danach, dass du Glück hast, fröhlich bist, in Frieden lebst. Liebe heißt nicht nur, Wünsche der andern zu erfüllen, sondern vielleicht noch viel mehr: Wünsche für sie zu hegen, ihnen Gutes zu wünschen, uns herzlich um ihre Zukunft zu kümmern.

Paulus schrieb einst an seine Schwestern und Brüder: »Ich wollte aber, dass ihr ohne Sorge wäret!« Und er schrieb: »Meines Herzens Wunsch ist es, dass sie selig werden.« Wünsche des Apostels für andere, die deren Leben geprägt und getragen haben.

Der Gesang der Engel über den Feldern von Bethlehem ist im Grunde solch ein Wunsch für uns alle, Sehnsuchts- und Hoffnungsgesang: »Ehre sei Gott in der Höhe! Und Friede sei auf Erden und den Menschen Sein Wohlgefallen!« Das ist der große Glück- und Segenswunsch Gottes für unsere Welt. Wünschen wir uns einer dem anderen in seinem Namen und auf seine Verheißung hin ein gutes und gesegnetes Jahr, eine gute und gesegnete Welt. Wünschen wir es uns!

Über die Träume

Für viele gehören zu Weihnachten auch Träume: Weihnachtsträume, Kinderträume. Schon der Reim legt die Verbindung nahe zwischen Weihnachtsbaum und Kindertraum: »Die zeigen im Traum dir Christkindleins Baum.« »Sei uns gegrüßt, du Weihnachtsbaum, du immergrüner Friedenstraum!«

Für die kleinen Kinder ist die Weihnachtswelt ja auch wirklich eine Traumwelt, in den Nächten der Adventszeit schon selig vorgeträumt und am Heiligen Abend wirklich erlebt. Ging es uns nicht selbst so? Es gab doch da wirklich Augenblicke, in denen uns war, als ob wir träumten, einen seligen Schwebezustand, losgelöst von sachlicher Alltäglichkeit, traumhaft schön.

Heute, da wir erwachsen, da wir alt geworden sind, bekommt solche Erinnerung für uns eher etwas Trauriges, wehmütig Stimmendes. Manchmal träume ich mich zurück ins Weihnachtsland, Kinderland, Erinnerungsland, das keineswegs nur unbeschwert und schattenlos war, aber gerade darum so empfänglich für Weihnachtsglanz- und Schwebetraum. Ich blicke darauf zurück und empfinde deutlich, wie da für mich etwas ins Ungreifbare verschwebt. Wie lang ist das alles schon her! Wo ist mein Leben hingegangen? »Owe«, klagt Walther von der Vogelweide, »war sint verswunden alle mine iar, ist mir min leben getroumet oder ist es war …?« Träume, sagt man, sind Schäume. Und solch geträumte vergangene Jahre verschweben wie die bunt schillernden Blasen aus Seifenschaum.

Nun erzählt aber auch die biblische Weihnachtsgeschichte von manchen Träumen. Und die sind nicht nur verschwebender Schaum, sondern es sind Träume erwachsener Männer und genaue Träume ihrer Gegenwart. In ihren Träumen sehen sie klar. In ihren Träumen hören sie die Boten Gottes reden. Es sind Warnungs- und Weisungsträume. Von den Weisen aus dem Morgenland wird erzählt, dass sie ein Engel im Traum gewarnt habe, zu Herodes, dem brutalen Herrscher, zurückzukehren. Ein guter und ernster Rat, und ich habe ihn täglich vor Augen. An meiner Wand zu Hause hängt eine Abbildung aus der altfranzösischen Kathedrale von Autun: in Stein gehauen die drei Männer, unter einer gemeinsamen großen Decke schlafend, und tief über sie gleitend und mit einer ganz sanften Bewegung die Hand des einen berührend, der Bote Gottes. Er redet zu ihnen im Traum. Er ist ihr Traum, ihr Wegweisungstraum.

Und vielfach in dieser Weihnachtsgeschichte träumt der Vater Joseph. Er erinnert so an einen Mann gleichen Namens aus der frühen Geschichte Israels, an Joseph den Träumer, der in seinen Träumen damals sehr präzise Realität gesehen hatte. Jetzt wird Joseph, dem Mann der Maria, im Traum deutlich, dass er seine Frau nicht verlassen soll, und im Traum wird ihm deutlich, welche Gefahr über der Mutter und dem Kind schwebt: »Siehe, da erschien der Engel des Herrn dem Joseph im Traum und sprach: ›Stehe auf und nimm das Kindlein und seine Mutter zu dir und flieh nach Ägypten und bleibe da, bis ich dir's sage. Denn Herodes hat vor, das Kind zu suchen, um es umzubringen.‹«

Das ist ein Traum, der ihn aufschreckt, das ist eher ein Angsttraum. Und die kennen wir freilich auch. Die Welt ist heute ja voll von Warnträumen, von Angst- und Fieberträumen, von Albträumen. Dabei scheinen mir die Erfahrungen, die viele in den Nächten nach Weihnachten machen, nicht nur privat, sondern wie ein Zeichen der Zeit: Viele träumen ja in diesen Nächten – unsere Väter sprachen von den »Zwölf Nächten« – nicht gut. Schuld daran ist in der Regel der überfüllte Magen unserer Festschmäuse, der zu Albträumen führt; schuld sind die Bilder aus dem Fernsehen, die uns bis in die Träume verfolgen und uns Angst machen. Wie lebt ihr denn?, fragen uns diese Träume. Was tut ihr denn? Es gibt sehr wohl in unseren Tagen Warnträume und Weisungsträume wie zur biblischen Zeit. Gefahr für die Menschen ist im Verzug, sagen sie. Auch

Geburt Christi
Flügelaltar um 1430/40
aus der Allerheiligenkirche in Werningsleben bei Erfurt
© Angermuseum Erfurt

wenn wir es am Tag aus dem Bewusstsein verdrängen können, im Traum steht es vor uns. Es fällt uns im Traume ein.

Aber Gott sei Dank – es gibt in jeder Zeit und auch in unserer Zeit auch die hellen Träume, die eine gute Zukunft zu träumen wagen, Hoffnungsträume, Träume davon, dass die Verheißung sich erfüllt, den Traum von der Erneuerung der Welt. Der, dessen Geburt wir feiern, hat uns dazu Mut gemacht und Grund gegeben. Und bei den Armen dieser Erde können wir dafür in die Schule gehen, denn gerade die Armen sind reich an Träumen: unsere Schwestern und Brüder in Südamerika und Südafrika und an vielen Orten der Erde, wo es so dunkel ist und so bitter arm wie bei uns nicht, aber wie im Stall von Bethlehem. Ihnen ist deutlich, und sie sagen es uns, dass das Christfest nicht ein Traum von gestern ist, sondern ein Traum von morgen, nicht geträumte Vergangenheit, sondern geträumte Zukunft.

Das ist der Traum, von dem schon vor Jahrtausenden das Volk Israel gesungen hat, als es in der Gefangenschaft und ein Volk war, das im Finstern wandert. »Wenn der Herr die Gefangenen Zions erlösen wird, dann werden wir sein wie die Träumenden.« Das ist der Traum der Mühseligen und Beladenen in unsrer Mitte und in der weiten Welt. Das ist der Traum des Martin Luther King – »I had a dream«, hat er gepredigt. »Ich habe einen Traum gehabt« – dies ist der Traum von ungezählten Müttern und Kindern, Vätern und Großeltern: »Wenn der Herr die Gefangenen Zions erlösen wird, dann werden wir sein wie die Träumenden.« Denn das ist nicht nur der Traum vom Lebkuchen für die Feiertage, sondern der Traum vom Brot für die Welt. Das ist nicht nur der Traum vom Kerzenschimmer im Weihnachtszimmer, sondern vom Licht der Welt, das den Horizont der Geschichte hell macht. Das ist nicht nur der Traum von den freundlich verteilten Geschenken, sondern der Traum von der weltweit verteilten Gerechtigkeit.

Christgeburt ist die Vision von dem neuen Himmel und der neuen Erde nach Gottes Verheißung, in welchen Gerechtigkeit wohnt. Und da gab es doch einen, einen Ur-ur-Vater Jesu, Jakob mit Namen. Und war da nicht die Geschichte von einem Traum, die Geschichte von einer Nacht, in der ihm ein traumhafter Durchblick auf den Grund aller Dinge geschenkt wurde? Da sah er die große Leiter, vom Himmel zur Erde reichend, und da sah er uns alle unter Gottes Blick und sah Gottes Boten auf und nieder steigen, damit sein Wille geschehe wie im Himmel so auf Erden.

Es heißt: Als die Weisen vom Schlaf erwachten, folgten sie der Weisung des Engels und zogen weiter auf einem andern Weg. Und es heißt: »Da nun Joseph vom Schlaf erwachte, tat er, wie ihm des Herrn Engel befohlen hatte.« Und es heißt im Choral der Kirche, uns Christen ins Gesangbuch geschrieben: »›Wachet auf‹, ruft uns die Stimme der Wächter sehr hoch auf der Zinne, ›wach auf, du Stadt Jerusalem! Mitternacht heißt diese Stunde.‹; sie rufen uns ...« Sie rufen uns.

ÜBER DIE MUTTER MARIA

Weihnachten, wie wir es feiern, ist ein sehr mütterliches Fest. Nicht ein Fest, an dem die Mütter gefeiert werden, also nicht ein Muttertag oder ein Frauentag, sondern ein Fest, das vor allem von den Müttern, von den Frauen gestaltet wird und die Spuren weiblicher Hände zeigt. Vielleicht stellt der Vater den Christbaum auf und zündet am Abend die Kerzen an, vielleicht ist manche Geschenkidee ihm zu verdanken, und für die neue Modelleisenbahn ist er der beste Spielgefährte. Trotzdem: Die besondere Wärme und Zartheit, die tiefere Schicht dieses Festes, das, was es zum Symbol für Frieden und Freundlichkeit macht, das alles geht von den Frauen aus. »Es ist ein Ros entsprungen aus einer Wurzel zart.«

Dabei ist die Weihnachtsgeschichte, wie sie uns in der Bibel überliefert wird, auf den ersten Blick wirklich eine Männergeschichte. Sie fängt an mit dem Kaiser Augustus, dem Herrn und ersten Herrscher einer Supermacht. Sie setzt sich fort mit Cyrenius, dem Mann, der damals über die Provinz Syrien zu bestimmen hatte. Später kommt noch der König Herodes dazu. Denn »Männer machen die Geschichte« – scheinbar auch die Weihnachtsgeschichte. Und so macht sich denn auch Joseph auf, der Mann aus Nazareth, der Zimmermann; denn bei jener Schätzung war natürlich der Stammsitz und die Herkunftsfamilie des Mannes ausschlaggebend. Geboren wird ein Junge, der erste Sohn, der in vielen Familien ersehnte Stammhalter. An die Krippe treten dann Hirten, werktätige, handfeste Männergestalten, und Könige, die zugleich Weise sind, die das Leben in ihren Ländern ordnen und den Sternenhimmel beobachten, voll von Tatkraft und Forscherdrang. Und als später der schreckliche Herodes seine Männer losschickt, da sind es nur die Jungen, auf die er es abgesehen hat, also die Männer von morgen; denn Herodes will die Ge-

*Thronende Madonna mit dem Kinde
um 1340 von Lippo Memmi
Staatliches Lindenau-Museum Altenburg*

schichte aufhalten, und er ist davon überzeugt: Männer machen die Geschichte.

Wenn heute die Christenlehrekinder die heilige Geschichte als Krippenspiel aufführen wollen, ergibt sich oft die Verlegenheit, dass man beinahe nur Jungen brauchte und beinahe nur Mädchen hat, die mitspielen wollen. Die Verlegenheit wäre noch größer, wenn wir uns nicht kurzerhand daran gewöhnt hätten, den Verkündigungsengel für ein weibliches Wesen zu halten, obwohl er in der Heiligen Schrift ausdrücklich »Gabriel« heißt, also einen männlichen Namen trägt, wenn wir uns nicht an weibliche Engelgestalten gewöhnt hätten, obwohl die Alten sich diese Wesen sicher als Männer vorgestellt haben.

Wenn da nicht Maria wäre, die Mutter Maria. Man kann nur staunen, wie die eine Frau, zart und zärtlich, jung und fraulich, unter all diesen Männern in der Heiligen Nacht und um die Heilige Nacht der ganzen Geschichte doch ihr Gesicht gibt. Ein Weihnachtsbild, das sich auf das Notwendigste beschränken wollte, würde nur noch die beiden darstellen: die Mutter und das Kind. »Den aller Welt Kreis nie beschloss, der liegt in Marien Schoß.« Alle andern sind zu dieser Geschichte mehr oder weniger hinzugekommen, in sie eingetreten. Aber die Mutter Maria ist in ihr unentbehrlich und gehört von Anfang an dazu. Denn das Entscheidende in dieser Geschichte hat sie getan: »Sie gebar«, heißt es, »ihren ersten Sohn. Sie wickelte ihn in Windeln. Sie legte ihn in eine Krippe.« Genau dies ist es, was den Hirten dann berichtet wird als die große Freude und als das Zeichen, an dem man sie erkennt: Euch ist heute der Heiland geboren worden, und ihr werdet ihn finden, in Windeln gewickelt und in eine Krippe gelegt. Als die beiden unterwegs sind, da heißt es noch: Joseph machte sich auf, und Maria ging mit. Aber wenn die Hirten nach Bethlehem kommen, heißt es schon: Und sie fanden beide, Maria und Joseph. In der Weltgeschichte – jedenfalls in der bisherigen – sind vor allem die Männer am Werk. Aber in der Weihnachtsgeschichte ist es die Frau.

Schon dass es ein Abendfest ist und eine Heilige Nacht bedeutet, dass da ein zarter Ton mitklingt von Wiegenlied und behütetem Schlaf und das heißt: von mütterlicher Nähe. Da kann man sein Herz ausschütten – »Sie singen der Mutter, der Nacht, ins Ohr vom Tage, vom heute gewesenen Tage« –. Da wird eines langen Tages Leid getröstet. Gott, der in diese Heilige Nacht seinen Engel sendet, ja seinen Sohn, ist er nicht derselbe, der gesagt hat: »Ich will euch trösten wie einen seine Mutter tröstet?« »Ehre sei Gott in der Höhe!« wird in dieser Nacht dem Vater im Himmel gesungen; aber wie er sich in dieser Nacht offenbart, hat er auch ganz mütterliche Züge. »Mit Mutterhänden leitet er die Seinen stetig hin und her. Gebt unserm Gott die Ehre!«

Und nun scheint es mir nicht zufällig, dass es wiederum Maria war, wie die heilige Geschichte berichtet, der wir es verdanken, dass all dies nicht wieder vergessen wurde und verloren ging, sondern bis auf uns gekommen ist. Denn es heißt: »Maria aber behielt alle diese Worte und bewegte sie in ihrem Herzen.« Wie viele Männer haben diese Worte erklärt und bearbeitet! Aber Maria hat sie behalten. Wie viele Gelehrte haben sich den Kopf darüber zerbrochen und alle diese Worte ihrem kritischen Verstand ausgesetzt! Maria aber bewegte sie in ihrem Herzen. Das heißt: sie hat diese Gottesgeschichte nicht wie eine interessante, aber fremde Geschichte unter die Lupe genommen, sondern sie hat sie als ihre eigene Geschichte zu Herzen genommen. Können auch wir das? Ich denke, sie hat diese Worte geflüstert und gesummt, gesungen und gebetet: am Morgen das Wort »große Freude« und am Abend das Wort »Friede auf Erden« und an jedem Tag »Uns ist heute der Heiland geboren«. Und wer dies tut, der macht eine wichtige Erfahrung: Erst hat sie die Worte bewegt, dann haben die Worte sie bewegt. Denn in diesen Worten ist eine große Kraft, das ist die Kraft der bewegten Herzen. Und aus den bewegten Herzen geht eine Bewegung in diese Welt, eine Bewegung der Sehnsucht und der Hoffnung, die die Festgefahrenen wieder in Gang bringt und die müde Gewordenen wieder vorwärts trägt.

Wer in unsere Zeit lauscht, wird hören, wie dieser uralte Klang heute wieder neu um Gehör ringt, die Stimme aus der Wurzel zart, den Ton aus den mütterlich bewegten Herzen. Oft noch übertönt vom Rasseln der Männergeschichte, oft noch abgeschnitten durch die harten Tatsachen, oft noch unter dem Widerspruch der schlagenden Argumente – aber doch mit der Gewissheit, die Botschaft der Christnacht und den liebenden Gott auf ihrer Seite zu haben. Ich höre laut die Stimme der amerikanischen Mütter von der Plaza de Nayo, die Woche für Woche nach ihren verschwundenen Kindern fragen. Ich höre deutlich die Stimme der afrikanischen Mütter, die die Welt fragen: Wer verzehrt und veruntreut das Brot unsrer Kinder? Ich höre die Stimme der Mutter Teresa aus Kalkutta mit ihren Missionarinnen der Nächstenliebe und die Stimme der Frauen in aller Welt als Missionarinnen der Versöhnung und der einfachen menschlichen Vernunft. Ich höre die Stimme der Mutter Maria hinter all dem, die Deutschland, der »bleichen Mutter« (Bertolt Brecht), den Frieden neu ans Herz legt und der gefährdeten alten Mutter Erde wieder schwesterlich Mut zuspricht.

Denn Maria ist der Überzeugung: Nicht Männer machen die Geschichte, und nicht Frauen machen die Geschichte, sondern Gott macht die Geschichte. »Meine Seele erhebt den Herrn, und mein Geist freut sich Gottes, meines Heilandes«, hat sie gesungen, als sie ihren Sohn erwartete. »Er stößt die Gewaltigen vom Thron und erhebt die Niedrigen. Die Hungrigen füllt er mit Gütern und lässt die Reichen leer.« Gott macht die Geschichte und braucht dazu Frauen und Männer, ihre Hände und ihre Herzen, ihre Nüchternheit und ihre Zärtlichkeit, ihren Glauben und ihre Liebe. Gott macht die Geschichte – er macht sie hell und weit und voll von Verheißung, solange in ihr die Stimme der Mutter, der Mutter Maria nicht verstummt.

Christbaum
Altarraum der Stadtkirche St. Peter und Paul
in Weimar

Über den Weihnachtsbaum

Wie heidnisch immer sein Ursprung und wie jung immer als christlicher Brauch – heute gehört der Weihnachtsbaum untrennbar zu unserem Christfest. Freilich, ganz willkürlich und zufällig ist das auch nicht. Denn auch der biblischen Botschaft ist der Baum nicht fremd. Wer die Heilige Schrift kennt, weiß, dass in ihr überall von Bäumen die Rede ist: als Teil der Schöpfung, als Lebensgefährte des Menschen, als Bild und Symbol – vom Baum der Erkenntnis im Paradies bis hin zum Holz des Lebens in der Offenbarung des Johannes, von den Terebinthen des Abraham, den Zedern des Libanon bis zu den Palmen von Jerusalem. Der Psalmsänger ist überzeugt: Der Mensch, der sich nach Gottes Gesetz richtet, »ist wie ein Baum, gepflanzt an den Wasserbächen, der seine Frucht bringt zu seiner Zeit«. Und wenn das Senfkorn im Reich-Gottes-Gleichnis zum Baum ausgewachsen ist, dann finden die Vögel Schatten unter seinen Zweigen. Die Menschen, die uns die biblische Botschaft überliefert haben, dachten also, wenn sie an Bäume dachten, an das blühende und reifende Leben, sie dachten an Geborgenheit unter Zweigen im freundlichen Schatten, sie dachten an Frucht und Fülle, strotzenden Reichtum des Lebens.

An Ähnliches denken offenbar auch wir, wenn wir uns die Bäume in unsere Zimmer holen: an einen Hauch von Wald, von schöner Schöpfung an sonnigen Tagen – Lichterbaum grün und hell und warm. Wir sitzen unter dem Weihnachtsbaum, wie man sich lagert in Schutz und Schatten einer alten Baummutter. Und wir behängen die Bäume mit Früchten und Gaben so, wie wir uns wünschen, dass sich die Zweige unserer Bäume biegen sollen unter der Last ihrer Frucht. So gesehen ist dieser Baum ein Sehnsuchtsbaum, Sinnbild und Symbol für eine helle, friedliche und fruchtbare Welt, die wir uns in unsere Häuser holen wollen. Das Alte Testament in hebräischer Sprache nennt solch einen Zustand der Welt: »Schalom«. Und die Kinder Israel grüßten einander mit diesem Wort und Wunsch. Und Jesus, der irdische und der auferstandene, grüßte so seine Jünger: Schalom alejchem! Frieden sei mit euch! Frieden auf Erden.

Heute aber bewegen uns auch andere Gedanken, beunruhigende. In der Jahrhundertmitte schrieb Bertolt Brecht noch ein Gedicht, in dem es hieß:

> Was sind das für Zeiten, wo
> Ein Gespräch über Bäume fast ein Verbrechen ist.
> Weil es ein Schweigen über so viele Untaten einschließt!

Für ihn damals war also ein Gespräch über Bäume die beinahe unerlaubt beschauliche Beschäftigung mit einem freundlichen, poetischen Gegenstand, bei dem die Probleme der Welt nicht zur Sprache kamen. Beinahe über Nacht hat dieser Satz einen völlig neuen Sinn erhalten. Ein Gespräch über Bäume ist heute in aller Regel nicht ein Gespräch über bergende Innenwelt, sondern über bedrohte Umwelt, nicht mehr über Waldeslust, sondern über Waldsterben, nicht über das Immer-Grüne – »Wie treu sind deine Blätter« –, sondern über das zunehmend Braune – »Wie kahl sind deine Zweige«.

Was ist geschehen? Ich denke, es ist das geschehen, was mit unseren Weihnachtsbäumen geschieht, wenn sie eine Weile in unseren Zimmern gestanden haben: Die Luft unserer Zentralheizung, das Licht unserer elektrischen Lampen, die gewichtige Fülle, die wir an ihre Zweige gehängt haben – es bekommt ihnen auf die Dauer nicht. Ein Raum, der nur nach den Bedürfnissen des Menschen eingerichtet ist, lässt die Bäume verkümmern. Eine Erde, die nur nach den Bedürfnissen des Menschen eingerichtet ist, bedroht die Natur. Wir sind dabei, auch draußen den Bäumen die Luft zu nehmen, das klare Wasser, den blauen Himmel. Wir haben zu wenig gewusst, dass der Mensch die Erde nicht einrichten darf lediglich nach den Notwendigkeiten und dem Komfort, die sein eigenes Wohnen in ihr erfordern, sondern dass sie unser gemeinsames Haus ist, für Menschen, für Tiere, für Pflanzen, für Bäume.

So bekommt auch die Aufforderung Christi eine neue Bedeutung. Was wir zuerst in der Diakonie, später auch in der Politik allmählich zu verstehen begannen, müssen wir heute auch im Blick auf Gottes Schöpfung neu begreifen: Wir sollten der Mund der Sprachlosen, die Fürsprecher der Leidenden, die Helfer der Schwachen sein. Die Tiere, einst ebenbürtige Gegner, später unentbehrliche Partner des Menschen, heute sind sie ihm gegenüber ganz schwach. Die Pflanzen leiden. Die Bäume sind stumm. Wer ist ihr Fürsprecher und Helfer? Ich habe zunehmend den Eindruck, auch sie gehören zu jenen geringsten Brüdern, in denen der Herr uns begegnen will, und nicht zufällig wird der heilige Franz von Assisi heute wieder mit Aufmerksamkeit gehört; denn er war hellsichtig und so einfältig nicht, wie fromme Überheblichkeit ihn dargestellt hat.

Wenn wir uns zu Weihnachten die Bäume des Waldes ins Zimmer und in die Kirchen stellen, dann sollten wir hier den Anfang machen und neue Symbole setzen. Nicht die größten, schlank gewachsenen, nadelreichen Bäume sollten wir uns aussuchen, sondern die kleinen und krummen mit dem kümmerlichen Astbesatz. Die sollten wir schmücken und erleuchten. Wir täten den Wäldern einen Dienst damit, deren Gesundheit es dient, wenn solche Bäumchen ausgelichtet werden statt der starken und gesunden. Und wir setzten ein Symbol, wenn wir uns nicht das Starke und Üppige, sondern das Schwache und Schutzbedürftige vor Augen stellten, es ins richtige Licht rückten, es mit Glanz und Silber schmückten. Dem Kind in der Krippe würden solche Bäume besser entsprechen.

Zuletzt freilich sind darum die Weihnachtsbäume ein Sinnbild für kurzen Glanz und rasche Vergänglichkeit, weil sie keine Wurzeln mehr haben. Wie die bunten Blumensträuße oder der blühende Barbarazweig, so schmücken sie unsere Zimmer, machen sie hell und freundlich, aber sie haben keine Zukunft. Gleicht ihnen darin unsre ratlose Welt? Entscheidend für die Zukunft eines Baumes ist sein Wurzelwerk und Wurzelgrund. Darum gibt es in der Tradition der Christenheit doch einen Weihnachtstext, der ausdrücklich von einem Baum redet, also einen Weihnachts-Baum-Text. Er steht bei Jesaja. »Und es wird ein Reis hervorgehen aus dem Stamm Isai und ein Zweig aus seiner Wurzel Frucht bringen. Auf ihm wird ruhen der Geist des Herrn, der Geist der Weisheit und des Verstandes, der Geist des Rates und der Stärke, der Geist der Erkenntnis und der Frucht des Herrn.«

Der Zweig aus der Wurzel Jesse – das ist der eigentliche Christbaum. Jesse war der Vater des Königs David, ein einfacher Hirte in Bethlehem, tausend Jahre vor Christi Geburt. Als der Prophet diesen Text schrieb, war Davids glänzendes Reich längst zerfallen und gefällt. Aber Jesaja weiß: Die Hoffnung liegt nicht auf dem gefällten Baum, sondern auf dem Stumpf, solange er lebendige Wurzeln hat; denn so lange kann immer ein neuer Trieb aus ihm hervorwachsen.

In der Geschichte der Menschheit geht es zuletzt nicht um die Kronen, sondern um die Wurzeln, und die Hoffnung für die Zukunft hängt nicht davon ab, wie hoch wir aufgeschossen sind, sondern wie tief wir verwurzelt sind. Darum besinnen wir uns zum Christfest auf den Grund des Daseins, weil er der Grund der Hoffnung ist, auf jenen Wurzelgrund, aus dem wir alle hervorgegangen sind: Himmel und Erde, Tiere und Pflanzen, Bäume und Menschen.

Und der Herr hat gesagt: Wie aus dem winzigen Samen des Senfkorns der große Baum erwächst, so erwächst aus dem winzigen Anfang, den wir machen können, die neue Zukunft, aus der winzigen Kraft der Schwachen Gottes Reich, aus dem winzigen Kind in der Krippe die Wende der Zeit. Aus dieser Wurzel will eine Welt wachsen, in der die künftigen Tage wie behütete kleine Vögel sitzen unter dem Schatten und Schirm des Höchsten. Da rauschen die Weihnachtswälder über die ganze Erde. Und da breitet seine Zweige der Baum des göttlichen Schalom über alle seine Kinder: Zukunftsbaum – Lebensbaum – Hoffnungsbaum – Christbaum.

ÜBER DIE KLARHEIT DES HERRN

Jahr für Jahr, wenn das Weihnachtsevangelium verlesen wird, ist von ihr die Rede: von der Klarheit des Herrn. Sie habe, so erzählt die heilige Geschichte, die Hirten von Bethlehem umleuchtet. Dass wir zu Weihnachten umleuchtet sind, das wünschen auch wir uns: ringsum Leuchter, Kerzen, Lichter. Aber unser Weihnachtslicht ist eher ein warmes, schummeriges Licht, ein milder Glanz. Und hier ist von Klarheit die Rede wie an einem klaren Morgen, wie in einem blendenden Strahl. Wenn man es sich vorstellen will, muss man sich wohl denken, dass der nächtliche Himmel über den Hirten plötzlich taghell wird; und sobald ich mir das vorstelle, verstehe ich, dass die Hirten sich fürchten. Ein tagheller Himmel über unsern Städten mitten in der Nacht – da fallen den Älteren unter uns die Scheinwerfer ein, die in den Kriegsnächten den Himmel nach Flugzeugen absuchten, und die Markierungszeichen dieser Flugzeuge, die man schauerlicherweise »Christbäume« nannte, herabschwebende Christbäume. Und ist es nicht der Angsttraum der Menschheit, es könnte über unseren nächtlichen Städten und Dörfern plötzlich taghell aufblitzen – einen Augenblick blendende Klarheit »heller als tausend Sonnen«, und alle wüssten: Das ist das Ende. Wir sind heute aufgeklärter als die Hirten aus Bethlehem, aber gerade darum würden wir uns wahrscheinlich noch mehr fürchten als sie, wenn uns plötzlich mitten in der Nacht eine solche Klarheit umleuchten würde.

Umso mehr haben wir die Botschaft nötig, die den so Erschrockenen gesagt wird: Diesmal braucht ihr euch nicht zu fürchten. Bei dieser Klarheit geht es um etwas anderes: nicht um die Brände der äußeren Welt, sondern um das Licht in ihrem Inneren. Sie ist das Zeichen einer großen Freude. Und zwar nicht nur einer Freude für die Hirten in Bethlehem, sondern einer Freude, die allem Volk widerfahren wird, die alle Völker betrifft, auch die Völker im 20. Jahrhundert, auch die Völker Europas, auch das deutsche Volk, auch das Volk der DDR – große Freude. Zunächst verstehen wir dies: Hier wird ein Zusammenhang gesehen zwischen Klarheit und Freude. Schon in unserer alltäglichen Welt beginnt ja die Freude damit, dass wir uns vor der Klarheit nicht fürchten – nicht in unserem persönlichen Leben und nicht im Leben der Völker. Denn das Gegenteil von Klarheit ist Unklarheit – Unklarheit, die entsteht, wo Dinge vertuscht werden, verheimlicht, verschleiert, verdrängt. Klarheit aber reimt sich auf Wahrheit, und oft ist die Stunde der Wahrheit die Stunde, in der etwas Neues, Besseres beginnt. Es gibt eine verlogene Art der Freude, besonders übrigens der Weihnachtsfreude: Da wird alles, was uns bedrückt, eine Zelt lang zugedeckt und, was uns bedrängt, so lange es geht unter den Teppich gekehrt.

Wir heute aber beginnen immer besser zu verstehen, dass die wirkliche Freude – Lebensfreude, Freude auf die Zukunft, Freude aneinander – darauf angewiesen ist, dass Klarheit geschaffen wird, dass beim Namen genannt wird, was uns bedrückt, dass geklärt wird, was uns bedrängt, dass in die dunklen Ecken meiner Lebensgeschichte und der Geschichte unseres Landes hineingeleuchtet wird und auch das lange Verborgene endlich ans Licht kommt. Solche Klarheit hilft zu neuem Anfang, sie bedeutet, eine neue Sicht zu gewinnen und damit eine neue Aussicht, ein neues Denken.

So ist es gut, wenn wir zu klären suchen, was immer uns möglich ist, Klarheit zu schaffen, so viel an uns liegt. Das Weihnachtsevangelium aber fragt uns: Wie sollte euch das gelingen ohne die Klarheit des Herrn? Denn erst sie bringt die große Klarheit über unsere Welt, die die Quelle ist für die große Freude. Es geht um den großen Durchblick. Was den Hirten in Bethlehem geschenkt wird, ist nichts anderes als er, dieser Augenblick der großen Klarheit. Sie sind ja keineswegs Jesu erste Jünger oder seine ersten Apostel gewesen. Von seinem Leben und seiner Lehre, von seinem Kreuz und seiner Auferstehung wissen sie nichts. Sie treten einen Augenblick aus dem Schatten der Geschichte und verschwinden sogleich wieder in ihm. Aber sie priesen und lobten Gott; denn sie hatten einen Augenblick lang die Welt in der Klarheit Gottes gesehen.

Zunächst sah ja alles aus wie eine normale, Werktags- und Nachtschicht-Situation. Sie sitzen da, und sie gehen ihrer Arbeit nach in irgendeiner Nacht, die genauso aussah wie tausend Nächte davor und tausend Nächte danach. Sie sitzen da an einem winzigen Punkt auf dieser Erde. Aber als sie die Botschaft erreicht, da erkennen sie plötzlich, wo sie wirklich sind: an einem entscheidenden Punkt der Gottesgeschichte. Einen Moment lang haben sie den Durchblick. Sie orten ihre Position im Horizont Gottes. Der Himmel reißt auf, und sie sehen sich selbst auf der Strecke zwischen dem Ursprung und dem Ziel der Welt. Ihnen wird klar, wo alles herkommt und worauf alles hinausläuft und wo sie selbst sich darin befinden. Denn die Klarheit des Herrn umleuchtete sie.

Wie sehen wir die Welt? Wie weit geht unsere Perspektive: bis zum nächsten Feiertag, zum nächsten Zahltag, zum nächsten Wahltag, zum nächsten Kirchentag? Wie groß ist unser Blickwinkel? Jesus Christus, dessen Geburt wir in dieser Nacht feiern, sagt zu uns: Auch ihr braucht den Durchblick der Hirten. Von ihm wird berichtet, er habe den Menschen die Augen geöffnet nicht nur für das jeweilige Tageslicht, sondern für die helle und weite Perspektive, in der alle Tage und alle Orte, alle Welt und alle Zeit und unser aller Leben steht, für die Welt, wie sie aussieht in der Klarheit des Herrn, für die Welt unter dem weit geöffneten Himmel Gottes. Damit aber sehen wir den jeweiligen heutigen Tag, die gerade angebrochene Nacht in neuem Licht. Nicht als einen gleichgültigen Tag unter tausend ähnlichen, sondern als ein Heute, das seinen unverwechselbaren Platz hat in der Geschichte Gottes mit seiner Welt. Nicht als eine Nacht, verwechselbar mit ungezählten anderen davor und danach, sondern als eine unentbehrliche Stufe auf dem Weg zur Vollendung der Welt. Hier werden Lichtzeichen gesetzt über dem unabsehbaren Heer der Zeit. Der Herr erklärt uns, wo wir sind, und in dieser Klarheit des Herrn bekommt jedes Heute seine Tiefenschärfe.

Wenn wir in unserer Gegenwart Klarheit gewinnen wollen für unseren heutigen Tag, für unsere heutige Zeit, dann genügt es

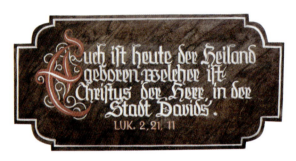

"Euch ist heute der Heiland geboren welcher ist Christus der Herr, in der Stadt Davids".
LUK. 2, 21, 11

Anbetung der Hirten
Emporenmalerei auf Leinwand von 1906
Kirche St. Katharinen in Dippach bei Gerstungen

nicht mehr, die Dinge nur für ein überschaubares Land und für einen planbaren Zeitraum verlässlich zu ordnen; sondern wir müssen dafür den Blick richten in die Weite der Welt und in die Tiefe der Zeit, um auf die zu hören, die lange vor uns waren, und auf die zu sehen, die lange nach uns diese Welt noch bewohnen wollen, und an die zu denken, die mit uns zusammen irgendwo auf unserer gemeinsamen Erde leben. Wo kommen wir alle her? Worauf gehen wir alle zu? Wo ist der Ort, an dem wir heute leben? Die Unklarheit der Menschen könnte den Himmel in Brand setzen und damit unser aller Erde heraufführen. Aber die Klarheit des Herrn erhellt unsere Augen und ermutigt unsere Herzen, damit uns unter einem ruhigen Himmel die Klarheit mitten in der Nacht zum Bild der Hoffnung wird. Dass wir zueinander sagen: Die Horizonte beginnen zu leuchten. Es wird heller über uns. Es wird Tag. Es wird Tag.

ÜBER DEN WEIHNACHTSSTERN

Zum Christfest, wie wir es kennen und feiern, gehört auch der Stern, der Stern von Bethlehem, der Weihnachtsstern. Schon in der Adventszeit leuchtet er auf in unseren Häusern und in unseren Kirchen, denn er ist ein Verheißungsträger. In einem frühen Buch des Alten Testaments, dem vierten Buch Mose, wird berichtet, dass der Seher Bileam einen Blick in die weite Zukunft geworfen habe. »Es wird ein Stern aufgehen aus Jakob«, sagte er damals, »und ein Zepter aus Israel aufkommen.« Die Judenheit hat diese Sternverheißung durch die Jahrtausende nicht vergessen. Bar-Kochba, Sohn des Sterns, nannten sie den Simeon, ihren Hoffnungsträger, in einem der letzten großen Aufstände, und die Flagge des heutigen Israel zeigt den Stern des Königs David.

Diese Verheißung hat auch die Christenheit immer in Erinnerung gehabt, und so singt sie: »Jakobs Stern ist aufgegangen, stillt das sehnliche Verlangen.« »Der Morgenstern bescheinet auch deine Angst und Pein.« Das ist der Stern, der über dem Stall von Bethlehem steht, wenn die Heiligen Drei Könige kommen. Dabei weiß die biblische Geschichte weder davon, dass sie heilig noch dass sie drei noch dass sie Könige gewesen wären. Aber dass der Stern zu den Weisen aus dem Morgenland gehört, das ist biblisch belegt: »Und siehe da, der Stern, den sie im Morgenland gesehen hatten, ging vor ihnen her, bis er über dem Ort stand, da das Kindlein war.« Der Stern von Bethlehem, der Weihnachtsstern – er gehört in die Geschichte der Juden und der Christen, er gehört in die Weihnachtsgeschichte.

Es kann allerdings keine Rede davon sein, dass wir den Stern als Ruhmeszeichen und als Leitbild nur in der Heiligen Nacht, nur in der heiligen Geschichte anträfen. Im Gegenteil: All überall in unserer Welt, wo man auf sich aufmerksam machen

will, schmückt und versieht man sich mit Sternen: Das Sternen-
banner oder der Sowjetstern auf der Fahne, die Erfolgsmel-
dung der Wirtschaft, einst als roter Stern am Betriebstor, heute
als Mercedes-Stern über dem Potsdamer Platz, die Aufsteiger
als Vier-Sterne-Generale oder im Fünf-Sterne-Hotel, ja, eine
Menschheit, die versucht, den Weltraum zu erobern als
Astronauten, also als Sternenfahrer; oder als Konstrukteure
von neuen Erdsatelliten, also als Sternenhersteller. Und so
hergestellt und so aufgebaut werden auch all die Stars und
Sterngestalten in der Glitzerwelt der produzierten Träume: die
Star-Reporter und Star-Redner, die Stars am Himmel der Rock-
Szene und in der Weltrangliste der Tennis-Professionellen. Sie
alle werden zum Blickfang und Leitbild auf unserem Weg
durch den Alltag. Und vielleicht wird man einmal von unserer
Generation erzählen: »Und der Star, den sie im Fernsehen
gesehen hatten, ging vor ihnen her.«
Aber wo geht er hin mit uns? Aus dem Verheißungsträger sind
die Werbeträger geworden, die uns einladen und verlocken,
immer Besseres zu fordern und immer mehr zu verbrauchen
von den Gütern dieser Erde. Es könnte sein, wenn wir an diesem Ziel angekommen sind, zu dem sie uns leiten, dass wir
feststellen: Wir sind am Ende angekommen. Denn die Güter
dieser Welt sind bei weitem nicht unerschöpflich, und die
Menschheit ist dabei, die Erde, ihren guten alten Planeten,
ihren eigenen Stern, auszuplündern und aufzubrauchen.
Ich sage nicht, dass all diese Sterne verwerflich und verderblich
sind. Sie gehören zu unserem Leben, und wir müssen lernen,
mit ihnen umzugehen. Aber es kommt alles darauf an, ob wir
erkennen, worin sich alle diese Sterne von dem Bethlehemsstern unterscheiden. Es sind alles selbst hergestellte Sterne,
selbst gemacht, Eigenbau, Geschöpfe des Menschen. Die können gelegentlich auch ganz liebenswürdig und freundlich sein
und unser Christfest verschönen wie der Zimtstern, der selbst
gebackene, und der Strohstern, der selbst gebastelte. Aber der
wirkliche Bethlehemsstern ist das alles nicht, nicht der Stern aus
dem Evangelium. Und darum sind alle diese Stars und Sterne
vergänglich, und sein Leben kann man nicht nach ihnen richten. Das Wesen jenes anderen Sterns aber ist es gerade, dass er

Anbetung der Heiligen Drei Könige
Flügelaltar um 1370
aus der Augustinerkirche in Erfurt
Angermuseum Erfurt

uns erscheint: Vorgegeben und uns voraus, leuchtet er vor uns auf und zeigt uns den Weg. Sein Wesen ist gerade, dass er da war, ehe wir da waren, und dass er aufstrahlt und erscheint, ohne dass wir etwas dazu getan hätten. Plötzlich steht er über uns, ein ferner Lichtpunkt am Nachthimmel, ein Lichtzeichen über unserem Horizont. Und uns wird klar: Solch einen Stern, solch einen Leitstern braucht unser Leben.

Die alten Märchen, die in den Winternächten erzählt wurden, lassen etwas davon ahnen, wenn sie von den verirrten Wanderern berichten, die in den dichten Wäldern unterwegs sind, als die Nacht eingebrochen ist, und plötzlich sehen sie in der Ferne einen Lichtpunkt, einen Lichtschein, auf den sie zugehen, bis sie in ein Haus kommen, nach Hause kommen. Nirgends in der Weihnachtspoesie ist die Rede von einem Weihnachtsmond, der die ganze Erde in ein freundliches silbernes Licht tauchte. Immer geht es nur um den Stern, der ein heller Punkt ist mitten im Dunkel. Aber der ist verlässlich und führt auf den richtigen Weg. Wie das Sternbild ist er, nach dem die Seefahrer Ausschau halten, um ihren Weg zu finden, ihren Kurs zu bestimmen. Solange sie noch an ihren eigenen Küsten unterwegs waren, konnten sie sich an ihren selbst gebauten Leuchttürmen und ihren selbst entzündeten Leuchtfeuern orientieren. Wo es aber aufs weite Meer hinausgeht, auf die unbekannte offene See, da helfen ihnen nur noch die Sterne, die vor ihnen da waren und nach denen sie sich richten.

Wir sind unterwegs, eine Menschheit wie in dunklen Wäldern durch das Dickicht der Geschichte, wie auf offener See im unendlichen Meer der Zeit auf immer unbekannteren Strecken. Aber mit der Geburt Christi ist über unserem Horizont in der Tiefe der Zeiten ein Lichtpunkt, ein Richtpunkt erschienen, auf den wir zuhalten können. Es kann sein, dass wir ihn für eine Weile aus den Augen verlieren, wie es ja auch den Weisen aus dem Morgenland geschehen ist. Aber dann scheint er wieder auf. Und es heißt: Als sie den Stern wieder sahen, »wurden sie hoch erfreut«. Wer das Leben kennt, der kennt auch diese lichtlosen, diese ziellosen Strecken, und der kennt auch die hohe Freude, die uns ergreift, wenn der Stern von Bethlehem uns plötzlich wieder aufleuchtet.

Es kann auch sein, dass wir von diesem Stern zu Zielen geführt werden, die ganz anders sind als die erwartete Herrlichkeit der Königshäuser, so wie es den Weisen auch ergangen sein muss, als sie plötzlich vor einer Stalltür standen. Die Alten unter uns werden sich noch daran erinnern, wie Jakobs Stern ihnen einst begegnet ist, der Stern des Königs David, der gelbe Davidstern auf dem abgeschabten Mantel des elenden und gejagten Juden in unserer Straße. Und in einem Gedicht des jungen Bertolt Brecht über die Mutter Maria in der Christnacht heißt es:

> Ja, von dem Loch im Dach, das den Frost einließ, blieb nur
> Der Stern, der hineinsah.
> Alles dies,
> Kam vom Gesicht ihres Sohnes, der leicht war,
> Gesang liebte,
> Arme zu sich lud
> Und die Gewohnheit hatte, unter Königen zu leben
> Und einen Stern über sich zu sehen zur Nachtzeit.

Der Weg zur Erfüllung des Heils und zur Freude der Menschen, er führt offenbar zuerst zu den Gezeichneten und zu den Armen, denen Jesus nahe war und die wir in seinem Namen zu uns laden wollen. Aber dieser Weg führt auch nicht zum Ende, er führt zum Ziel der Welt. Und wenn nirgendwo von einem Weihnachtsmond die Rede ist, so singen die Lieder zur Christnacht doch von einer Weihnachtssonne, von der der Stern offenbar schon Vorbote und Abglanz ist: »O klare Sonn, du schöner Stern, dich wollten wir anschauen gern. O Sonn, geh auf! Ohn' deinen Schein in Finsternis wir alle sein.« Wo vom Stern die Rede ist, da ist auch die Rede davon, wie hinter allen Dunkelheiten und Dämmerungen dieser Welt die Nacht zu Ende gehen soll und der Tag sich ankündigt, wenn der Morgenstern hell und groß über dem Horizont erscheint, da alle andern Sterne der Nacht schon verblasst sind. Denn: »Die Nacht ist vorgedrungen. Der Tag ist nicht mehr fern. So sei nun Lob gesungen dem hellen Morgenstern.«

Über die Engel

Wenn es Weihnachten wird, erinnern wir uns wieder an die Engel. Das Jahr über scheinen sie in der modernen Welt keinen Platz zu haben. Wer redet von Engeln in einer Welt, die von den Natur- und den Marktgesetzen bestimmt ist? Aber in der Heiligen Nacht sind sie wieder da: »'s ist, als ob Engelein singen wieder von Frieden und Freud.« Die Weihnachtsmusik singt von ihnen: »So recht, ihr Engel, jauchzt und singet, dass es uns heut so schön gelinget!«, das Gesangbuch »Vom Himmel kam der Engel Schar«. Als erzgebirgischer Kerzenhalter steht der Engel neben dem Bergmann, und im Krippenspiel finden fast alle Christenlehrekinder, die mitmachen wollen, einen Platz als Engel.

Dies alles hat durchaus auch seinen Anhalt an der biblischen Weihnachtsgeschichte; denn sie beginnt damit, dass der Engel Gabriel gesandt wird in die Stadt Nazareth, Maria die Geburt anzukündigen. Sie erzählt davon, dass ein Engel den Joseph im Traum warnt und die Weisen aus dem Morgenland auf den richtigen Weg weist. Und in der Heiligen Nacht der Hirten steht der Engel ganz und gar im Mittelpunkt: »Der Engel des Herrn trat zu ihnen.« Dann ist da bei dem Engel die Menge der himmlischen Heerscharen, und die Hirten sprechen erst wieder miteinander, »da nun die Engel von ihnen gen Himmel fuhren«.

Eine Geschichte voll von Engeln. Heute aber wird sie in einer Welt erzählt, die scheinbar ohne Engel lebt. Selbst die Theologen neigen heute dazu, die Engel den Bildschnitzern und Kunstgewerblern, der Welt der Legenden und der Adventskalender zu überlassen. Im Glaubensbekenntnis kommen die Engel nicht vor und auch kaum jemals in unseren Predigten. Unsere Welt ist eine Welt ohne Engel geworden, und nun, da es Heiligabend ist, merken wir: Sie fehlen uns. Mancher ent-

Geburt Christi
Altaraufsatz zwischen 1622 und 1629 von Samuel Klaus
Peterskirche in Eisenberg

deckt im tiefsten Herzen eine Sehnsucht nach ihnen. Denn wo einst sie waren, da drängen jetzt andere Wesen nach. Der Himmel, der keine Engel mehr beherbergen will, ist neu besiedelt von Düsenjägern und von Satelliten, die mit elektronischen Glotzaugen auf uns herunter spähen. Dort macht nun die Dunstglocke sich breit und ziehen die Schwaden unserer Zivilisationsgifte. In den Träumen der Menschen, in denen beim Vater Jakob und beim Vater Joseph noch die Engel aus- und eingingen, tauchen andere finstere Gestalten auf, mit denen die Psychotherapeuten und ihre Patienten sich herumschlagen. Manchmal beschleicht einen das Gefühl, von allen guten Geistern verlassen zu sein, und die Menschheit macht eine Erfahrung, die in Emanuel Geibels – leicht abgewandeltem – Vers beschrieben ist: »Glaube, dem die Tür versagt, steigt als Aberglaub' ins Fenster. Wo die Engel ihr verjagt, kommen die Gespenster.«

Aber es kann sein, dass wir die Engel aus unserm Alltag verjagt haben, weil wir gar nicht mehr wissen, um wen es da eigentlich geht, wer mit den Engeln Gottes gemeint ist. »Angelos« ist ein griechisches Wort, und weil das Neue Testament ursprünglich griechisch geschrieben worden ist, verstanden alle, die es hörten oder lasen, was damit gemeint war. »Angelos« heißt: der Bote, der Abgesandte, der beauftragt ist mit dem Überbringen einer Botschaft. Und während wir, wenn wir »Engel« hören, an schöne, festliche, aber ungewöhnliche Wesen denken, wussten die Menschen damals, dass Boten sehr verschiedene Gestalten haben können – festlich aussehen können, aber auch ganz alltäglich, in Gestalt von Menschen uns ansprechen können – aber auch in völlig anderer Form. Nicht seine Gestalt macht den Engel zum Engel, sondern seine Aufgabe, sein Auftrag, seine Botschaft.

Gewiss hat die fromme Fantasie sich Engel mit Flügeln vorgestellt, weil die Botschaft Gottes die Menschen in Windeseile erreichen kann. Gewiss gab die heilige Anschaulichkeit diesen Boten Flammenschwerter in die Hand, weil ihre Botschaft den Menschen in der Tiefe treffen kann. Aber wer die Heilige Schrift kennt, der erinnert sich an Männer, die den Wanderern begegnen oder bei den Zelt- und Stadtbewohnern als Gäste einkehren und von denen sich dann zeigt, dass sie Engel Gottes waren, der erinnert sich an junge Leute in weißen Festkleidern, die am Ostermorgen Gottes Botschaft auszurichten haben. Die Taube mit dem Ölzweig im Schnabel, der Stern, der den drei Weisen Orientierung gibt – was sind sie anderes als Boten Gottes, seine Engel? Ja, der Psalm redet davon, dass Gott Wind und Feuerflamme zu seinen Engeln macht. Viele Gesichter haben sie, und in vielen Gestalten begegnen sie uns. Entscheidend in all dem ist, dass wir erkennen, dass Gott uns Botschaften sendet, Botschaften auf vielerlei Weise: Fingerzeige, Hinweise und Warnungen, Zusagen, Verheißungen. Zwischen dem fernen Gott, der »in einem Licht wohnt, da niemand zukommen kann«, und unserer verworrenen Welt – »In der Welt habt ihr Angst«, sagt Christus in der Jahreslosung des kommenden Jahres –, zwischen dort und hier sind so die Leitern aufgestellt, und die Boten sind unterwegs, die Botschaften gehen hin und her.

Wo neues Leben in diese Welt geboren wird, da sagt der Engel des werdenden Menschen: »Dies Kind soll unverletzt sein.« Wo einer aufgeben will in der Wüste unter dem Wacholder, weil er sterbensmüde ist, hört er die Stimme des Gottesboten: »Steh auf und iss! Denn du hast noch einen weiten Weg vor dir.« Wo Menschen mitten in der Nacht aus der Gefangenschaft befreit worden sind, sagt der Engel Gottes zu ihnen wie einst zum Apostel Petrus: »Geht hin und redet zum Volk alle Worte des Lebens!« Und wenn zuletzt der Todesbote bei uns eintritt, dann sagt er mit der Stimme Gottes: »Kommt wieder, Menschenkinder!« – So sind wir umgeben von seinen Botschaften, von seinen Boten, seinen Engeln. »Von guten Mächten wunderbar geborgen«, hat einer, der dies erfahren hat, im Gestapokeller geschrieben, »erwarten wir getrost, was kommen mag.«

Nun wundern wir uns nicht mehr, dass die Weihnachtsgeschichte eine Geschichte ist voll von Engeln. Denn es ist eine Geschichte, in der wichtige Botschaften ausgerichtet werden, Fingerzeige und Hinweise, Warnungen, Zusagen und Verheißungen. Darum ist es sicher auch wichtig, dass wir, wenn wir das Christfest feiern, das Licht vor Augen haben und die schönen Bilder von den guten Engeln. Aber am wichtigsten ist es, dass wir die Botschaft hören, für die sie da sind, Anreden Gottes an seine Welt, Stimme Gottes für seine Menschheit, Weckruf und tröstliches Wort, uns zugerufen über Zeiten und Welten hinweg: Frieden auf Erden ist möglich und wird euch zugesagt, wenn ihr die Warnung des Engels hört und nicht zurückkehrt zu Herodes, dem Gewalttäter und Kindermörder. Frieden auf Erden wird einziehen, wenn ihr Gott die Ehre gebt und nicht den falschen Göttern eurer Zeit – Mammon und Macht. Frieden auf Erden erwartet euch, wenn ihr es mit dem haltet, der in die fremde Welt gekommen ist, fremdenfreundlich und allen Menschen zugetan.

Denn es ist ja wichtig, dass wir den guten Weg finden ins neue Jahrtausend. So wollen wir uns wünschen, dass unsere Enkel und Urenkel sich dann an uns erinnern als an Nachfolger und fröhliche Erben der biblischen Urgestalten, der Hirten, der Weisen, der ganzen Christenheit, und dass sie sich von uns erzählen: Als die Welt voll war von Hiobsbotschaften und Glücksversprechungen, von Fluglärm und fernem Kanonendonner, von den lauten Stimmen der Marktschreier und den leisen Seufzern der Hungerkinder, da trat der Engel des Herrn auch zu ihnen – Jahr für Jahr, Tag um Tag, Nacht um Nacht, und es war ihr Heil, dass immer mehr Menschen ihn sahen und auf seine Stimme hörten und die Ohren aufmachten. Und der Engel sprach zu ihnen.

Maria mit dem Kind
Flügelaltar von Matthias Plauener, 1497
Margarethenkirche in Gera-Tinz

ÜBER DIE FREUDE

Dass Weihnachten und Freude zusammengehören, steht außer Frage, ja, Freude ist geradezu der Grundton und der beherrschende Inhalt dieses Festes. »Frohe Hirten, eilt, ach, eilet!« »O Freude über Freude, ihr Nachbarn, kommt und hört!« »Freue dich, o Christenheit!« Überall Jubel, überall Frohlocken. Eben Weihnachtsfreude. Und das hat ja in der Weihnachtsgeschichte auch wirklich seinen Ursprung und klaren Grund: »Siehe«, sagte der Engel den erschrockenen Hirten, »ich verkündige euch große Freude, die allem Volk widerfahren wird.«

So weit ist das klar. Aber ist bei genauem Zusehen ebenso klar, worüber eigentlich wir alle uns so sehr freuen, so sehr freuen könnten oder sollten – wir alle zusammen: die Hirten, die Christenheit, alles Volk, wir in unseren Tagen? Freude kann man ja nicht befehlen. Es ist gut, dass wir die befohlene Fröhlichkeit der Fähnchenschwenker und Pflichtjubler hinter uns haben. Dann genügte es aber auch für die Christenheit nicht, wenn hier nur der Aufruf stünde: »Freut euch, ihr lieben Christen, freut euch von Herzen sehr!« Freude kommt erst da wirklich auf, wo wir einen Grund haben, uns zu freuen. Können wir ihn nennen? Natürlich freuen wir uns über ein paar arbeitsfreie, ruhige Tage, über ein gelungenes Festessen, über ein paar freundliche Stunden in der Familie oder im Freundeskreis. Aber all das geht doch nicht wesentlich über die normale Wochenend- und Sonntagsfreude hinaus und reicht jedenfalls nicht aus für die überschwängliche Freude der Weihnachtsbotschaft, für »Freu dich, Erd und Sternenzelt, halleluja!«.

Wenn wir die kleinen Kinder fragen würden, die hätten die Antwort schnell bereit. Sie freuen sich über die Geschenke. Bei ihnen gibt es ja wirklich noch Jubel, wenn Geschenke aufgedeckt, Pakete ausgepackt, Sachen verteilt werden. »Wisst ihr noch vom vor'gen Jahr, wie's am Heil'gen Abend war?« Auch wir freuen uns über Dinge, die wir gut gebrauchen können, vor allem, wenn wir merken, hier hat sie jemand mit Bedacht und Freundlichkeit für uns ausgesucht. Aber die leuchtenden Kinderaugen, von denen alle Weihnachten wieder die Rede ist, haben wir dabei nicht mehr, und das ist auch gut so; denn unbefangene kleine Kinder sind wir nicht mehr, und darum brauchen wir heute den aufmerksamen, sorgfältigen Blick der Erwachsenen. Für unsere Kinder entscheiden wir noch, welche von ihren kleinen oder größeren Wünschen erfüllbar sind und was gut für sie ist. Wer aber übernimmt die Verantwortung für uns Erwachsene, wenn wir es nicht selber tun? Die Verantwortung dafür, dass wir nicht der Faszination der Dinge verfallen, dass wir nicht der Illusion erliegen, Lebensglück und Weihnachtsfreude lägen in den Kaufhäusern aufgehäuft und kämen mit den großen Paketen der Versandhäuser in unsere Wohnungen?

Was und wie viel brauchen wir wirklich? Wer stellt sich und wer stellt uns diese Frage noch? Offenbar hat sie sich inzwischen in den Wohlstandsländern verschoben. Immer weniger wird gefragt, wie viel der Mensch brauchen kann, und immer mehr wird gefragt, wie viel e r - brauchen kann. Der Mensch von heute als der große Verbraucher – ihm erklingt die Verheißung der großen Märkte, der Weihnachtsmärkte, der Supermärkte, der Weltmärkte: Je mehr ihr verbraucht, desto größer wird eure Freude, unermessliche Freude für unersättliche Verbraucher. Wer aber übernimmt die Verantwortung für unsere verbrauchte Erde und für unser sich verbrauchendes Dasein? Wofür ist mein Leben am Ende gebraucht worden? Oder wurde auch dies mein Leben nur verbraucht?

»Siehe, ich verkündige euch große Freude«, sagt der Engel zu den Hirten. Und wir merken jetzt, wie weit wir uns von ihnen entfernt haben. Ja, worüber haben sie sich denn gefreut? Wenn man der heiligen Geschichte glaubt, dann haben sie sich über die Geburt eines Kindes gefreut, über ein neugeborenes Kind, das noch nicht einmal ihr eigenes war. Hier kommen offenbar andere Weisen der Freude in den Blick. Zuerst geht es hier um Mitfreude: Gemeinsam freuen sie sich mit den

Eltern des Kindes, von denen gesungen wird: »Maria und Joseph betrachten es froh.« Den Eltern wird ein Kind geschenkt, und die Freude darüber hat eine andere Qualität als die Freude über Geschenke sonst; denn hier werden nicht Sachen geschenkt, hier wird Leben geschenkt. Und darüber freuen die Hirten sich mit. Eine Welt, in der Eltern sich über jedes neugeborene Kind freuen können und in der auch ihre Mitmenschen froh sind, dass ein neuer Mensch zur Welt geboren ist, weil er auf dieser Erde gebraucht wird und willkommen ist, eine solche Welt stellt uns die Weihnachtsgeschichte vor Augen.

Freilich, die diese Geschichte einst erzählt und aufgeschrieben haben, die wussten noch viel mehr, die kannten auch schon die Zukunft dieses Kindes, die wussten schon genauer, wer hier geboren war: »der Heiland, welcher ist Christus, der Herr«. Sie hatten ja schon Erfahrung gemacht mit der großen Freude, die all dem Volk widerfahren ist, das Jesus begegnete, und die auch uns widerfahren wird, wenn wir seine Stimme hören. Diese Stimme sagt uns zuerst klar und deutlich: »Leben ist mehr.« Leben ist auch Kleidung und auch Speise, ist auch Radio und Heimcomputer, aber es ist mehr, unendlich viel mehr. Warum wollt ihr es denn so armselig weiterführen? »Trachtet zuerst nach dem Reich Gottes!« Denn wenn ihr nur wollt und die Augen auftut, dann ist es schon mitten unter euch.

Reich Gottes – mit diesem geheimnisvollen Wort benennt er eine Welt, wie sie nach Gottes Willen sein sollte, also ein Leben, das anders ist als das, was wir bisher geführt haben, also – mit den Worten des Neuen Testaments – »einen neuen Himmel und eine neue Erde, in welchen Gerechtigkeit wohnt«, in welchen Schwesterlichkeit und Brüderlichkeit wohnen, in welchen Gott abwischen wird alle Tränen von allen Augen, auch von denen der Kinder in Bethlehem in den Tagen des Herodes, auch von den Augen der Kinder in Sarajevo in den Tagen der Schetniks. Das Evangelium sagt, dieses Reich Gottes liegt wie ein Schatz verborgen im Acker eures Lebens, in den Handlungsfeldern eurer Zeit und Zukunft. Einen Spatenstich unter euerm Alltag und euerm Feiertag ist dieser Schatz und göttliche Vorrat des Lebens zu finden, und seit Christus in diese Welt gekommen ist, sind immer wieder Menschen auf diesen Schatz gestoßen und haben ihn schon leuchten sehen. Ein Vorschein und Abglanz davon wird auch in unsere Zeit hineinleuchten, wenn der Tag kommt, an dem wir gemeinsam mit unseren Schwestern und Brüdern in Afrika und Asien, in Rumänien und El Salvador uns über das geschenkte Leben freuen können, weil sie, die hungern und dürsten nach Brot und nach Gerechtigkeit, zu uns sagen: Vielen Dank – langsam fangen wir an, satt zu werden. Er wird auch in unsere Zeit hineinleuchten, wenn wir gelernt haben, uns schon auf die zu freuen, die erst in hundert Jahren auf dieser unserer Erde geboren werden, wenn wir sie über die Zeiten hinweg zu uns reden hören: Vielen Dank – ihr habt Gottes Schöpfung, unsere schöne Erde nicht verbraucht, weil wir sie noch brauchten. Er wird auch in unsere Zeit hineinleuchten, wenn der Engel und Bote des Herrn uns herausreißt aus dem Meer der Trägheit und der Traurigkeit in den Morgenwind seiner neuen Welt, die unsere Welt ist und doch ganz anders, die unser Leben ist und doch viel mehr, ein neues, ein anderes Leben, in dem Gegenwart geworden ist, was heute die weihnachtlichen Chöre noch als Wunsch und Verheißung singen: »Mit dir will ich endlich schweben voller Freud ohne Zeit dort im andern Leben.«

ÜBER DAS KIND

Wer an Weihnachten denkt, denkt an Kinder, an die eigenen oder an die Kinder seiner Kinder. Und er denkt an Kindheit, an die eigene Kindheit und an Kinderträume, Kinderchöre, Kinderjubel. »Ihr Kinderlein, kommet, o kommet doch all!« Zu keiner Zeit des Jahres stehen die Kinder so im Mittelpunkt wie zum Christfest; sie zu überraschen, in Erstaunen zu setzen, ihre Augen leuchten zu sehen, ist auch heute für viele noch das Schönste am Weihnachtsfest. Auch die Großmutter oder der allein stehende Onkel werden eingeladen, sie sitzen im Hintergrund und sehen gerührt, wie der kleine Junge, wie das winzige Mädchen vor dem riesigen Tannenbaum fassungslos und verzaubert steht.

Und zu keiner Zeit des Jahres werden so viele Kindheitserinnerungen ausgetauscht wie in den Weihnachtstagen. Es ist, als wäre das Erwachsenenweihnachten nur noch der Abglanz und die etwas wehmütige Wiedererweckung des Zaubers früherer Tage. »Bei uns zu Hause« – so erinnert man sich und erzählt man sich gelegentlich auch. Natürlich ist da auch manche Sentimentalität im Spiel; viele Elemente solcher deutschen Kinderweihnacht haben ihren Ursprung im Bürgerhaus des vorigen Jahrhunderts, in einer insgesamt verklungenen Welt. Die Kids von heute, die längst als Verbrauchermarkt entdeckt sind, die sehr nüchtern die Software für ihren Kleincomputer anfordern und denen mit »Äpfel, Nuss und Mandelkern« kaum noch zu imponieren ist, sie haben mit den Quempas-Knaben und Bastelmädchen unsrer Kindheitserinnerungen und Weihnachtserzählungen wenig gemein.

Und doch bleibt da ein richtiger Kern. Die Kinder stehen im Mittelpunkt des Festes, weil der Mittelpunkt dieses Festes ein Kind ist, ein Kind in Windeln gewickelt, ein Wickelkind, das Bethlehemskind. Die Weihnachtsbilder zeigen erwachsene

Menschen, wetterharte Nachtarbeiter, ja auch gekrönte Könige, die ihre Knie beugen vor einem gewindelten Kind. Sie huldigen dieser noch winzigen Person. Sie stehen im Bann dieses eben geborenen Lebens. Grund dafür ist die Überzeugung: Die geheimnisvolle ewige Kraft, der Ursprung und Vater der Welt, Richter und Vollender aller Zeit, Gott selber erscheint in diesem Neugeborenen. »Gott wird ein Kind«, heißt es im Weihnachtslied. »Er ist ein Kindlein worden klein, der alle Ding erhält allein.« Dass Gott uns als Wolke und Feuersäule erscheint, in Berggewitter und lodernder Flamme, im gestirnten Himmel über uns und dem Sittengesetz in uns – das ist allenfalls vorstellbar. Aber dass wir ihm in einem Kind begegnen, das noch ganz hilflos auf unseren Schutz und unsere Fürsorge angewiesen ist, das ist erstaunlich und Grund zum Nachdenken.

Denn hier wird deutlich, wie nahe der Ewige uns kommt, und zugleich, wie leicht seine Gegenwart von uns übersehen wird. Die Zeit und die Kultur, in der Jesus aufwuchs, war keineswegs kinderfreundlich. In den armen Familien wuchsen sie in Scharen auf und mussten zusehen, wie sie zu ihrem Anteil kamen. In den reichen Familien wurden sie den Mägden zur Pflege übergeben. Erst die Halbwüchsigen und Erwachsenen wurden als eigene Personen ernst genommen.

Dies Bethlehemskind freilich schien noch unter einem besonders schlechten Stern geboren zu sein. Schon vor seiner Geburt brachte es den Vater Joseph in Verlegenheit. Die Bibel erzählt, dass er sich am liebsten von ihm distanziert und aus dem Staub gemacht hätte. Das war für die Männer damals der Ausweg, weil es noch nicht die Möglichkeit gab, das unerwünschte ungeborene Kind vorher zu beseitigen. Gott wird ein Kind. In Bethlehem dann gehört dies Kind zu den Nicht-Sesshaften. Aus welchen Gründen sie immer gekommen sein mochten, für die besseren Häuser sah das Ganze sehr nach Unterschichtfamilie und künftigem Schmuddelkind aus. Gott wird ein Kind. Schließlich wird erzählt, wie die Bedrohung so groß wird, dass die Eltern ins Ausland fliehen müssen. In Ägypten bewerben sie sich um Asyl. Jetzt ist dies neugeborene Bethlehemskind ein Flüchtlingskind, ein Ausländerkind. Gott wird ein Kind.

Nun aber könnte es sein, dass er uns auch in unseren Tagen in solch einem Kind begegnet, in solch einem ungeborenen Kind, einem Schmuddelkind oder einem Ausländerkind. Der zum Mann gewordene Jesus hat es jedenfalls so gesehen und all diese Kinder als seine Geschwister, ja, als seine Stellvertreter und Platzhalter betrachtet. Die Bibel berichtet, er habe ein Kind – kein bestimmtes, offenbar ein zufällig herumlaufendes, ein Straßenkind – in die Mitte seiner Jünger gestellt und zu ihnen gesagt: »Wer eins dieser Kinder aufnimmt in meinem Namen, der nimmt mich auf.« Und das heißt doch auch: Wem solch ein Kind gleichgültig ist – nicht ein bestimmtes, sondern ein zufällig herumlaufendes, ein Straßenkind –, der läuft an Christus vorbei. Christus sah in seinen Erdentagen ja genauso aus wie sie.

Die biblische Geschichte weiß nichts vom einmaligen Zauber dieses Bethlehemkindes: »In reinlichen Windeln das himmlische Kind, viel schöner und holder, als Engel es sind.« Und das Christkind, das mit lockigem Haar und silbernem Stirnreif durch die Heilige Nacht wandert, ist schön und lieblich, aber es ist gewiss nicht jenes Wickelkind, in der Krippe liegend – schon gar nicht, wenn es mit dem glitzernden Christkindlmarkt Marktanteile erobert. Es ist vielmehr so in der biblischen Geschichte, dass zuerst Maria und später die Hirten von dem Boten Gottes ein Geheimnis erfahren: Dies Kind, dem das heute kein Mensch ansehen kann, wird einmal die Menschheitsgeschichte verändern. Mit dieser scheinbar abgelegenen, alltäglichen Geschichte einer kleinen Familie beginnt etwas grundstürzend Neues in der Geschichte der Menschheit. Das aber weiß jetzt noch Gott allein und die, die seiner Botschaft glauben.

Es gibt ja immer zwei Arten von Menschheitsgeschichte: Die eine, in der es um Regierungsbeschlüsse und Volkszählungen geht, um Truppenverschiebungen und Machtwechsel. Das ist die aufzeigbare, offizielle Geschichte, mit der die Kaiserchroniken und Presseagenturen befasst sind. Daneben die andere, in der Kinder geboren, Windeln gewaschen, Gespräche geführt, Träume geträumt werden. Das ist die alltägliche, unbemerkte, tausendfache Geschichte. Und doch geht die schein-

Geburt Christi
Ikone aus dem 15. Jahrhundert, Moskauer Schule
Kunstsammlungen zu Weimar

bar große Geschichte immer aus dieser scheinbar kleinen hervor. Immer beginnt es damit, dass irgendwo ein Kind geboren wird, dass Kinder erwartet, geboren und aufgezogen werden. So gesehen, bereitet sich auch heute in den Kreißsälen, Spielzimmern und Kindergärten die Geschichte vor, die noch niemand kennt, weil es eben die Geschichte von morgen ist. Niemand weiß, welche Rolle und Aufgabe die kleinen Kinder von heute in der Geschichte von morgen haben werden, welche überraschenden Gedanken, welche neuen Ideen, welchen Einfluss auf eine hilfreiche Wendung der Dinge. Dem König Herodes stand das offenbar vor Augen, als er alle kleinen Kinder der Gegend ermorden ließ. Er wollte so die verborgene Geschichte von morgen aufhalten. Aber die ist unaufhaltsam, und die Hoffnung in ihr würde erst mit der ganzen Menschheit getötet werden.

Und nun gehört es zum Kern der christlichen Botschaft, dass Christus in diese Alltagsgeschichte hineingeboren wird, in die verborgene Geschichte aller Tage, in diese unsere Jedermanns-Geschichte. In sie ist er hineingegangen, in ihr hat er gelebt, in ihr ist er bis heute wirksam. Natürlich ist er einmalig und ganz unverwechselbar im Gang dieser Zeiten; nicht umsonst zählen wir die Jahre nach seiner Geburt. Aber das alles wusste man erst im Rückblick und im Nachhinein. Wenn die Evangelisten diese Geburts- und Kindheitsgeschichten aufgeschrieben haben, dann wollten sie damit deutlich machen: Das Kommen Christi war nicht die glorreiche Vollendung der Gottesgeschichte, sondern ein ganz und gar offener Anfang. Und wenn wir Jahr um Jahr Weihnachten feiern mit unsern Kindern und dies Kind im Mittelpunkt, dann wollen wir uns deutlich machen: Bei aller wehmütigen oder dankbaren Rückerinnerung ist Weihnachten immer ein Fest des Anfangs, der noch verborgenen Möglichkeiten, der noch ungestillten, aber auch noch unverbrauchten Hoffnung.

So zeigt uns das Bethlehemskind, wen wir da vor uns haben in unsern Kindern und Enkelkindern, welcher Schatz an Hoffnung uns da anvertraut und in unsere Verantwortung gegeben ist. Und es zeigt uns auch, warum es später seinen Jüngern sagen wird: »Wer das Reich Gottes nicht empfängt wie ein Kind, der wird nicht hineinkommen.« Denn die Kinder – je kleiner sie sind, desto mehr – wissen tiefer und intensiver, was Hoffnung ist. Sie erwarten das noch ganz Unbekannte, noch nie Erlebte. Als wir selber noch Kinder waren, standen wir am Morgen auf mit der Hoffnung: Heute passiert noch etwas ganz Schönes, etwas Unerwartetes, eine ganz neue Erfahrung. Als Erwachsene denken wir leicht, dass wir – jedenfalls im Prinzip – alle Wirklichkeit schon kennen, und so können wir eigentlich nur noch auf das hoffen, was wir irgendwann so oder ähnlich schon einmal erlebt haben.

Anders die Kinder: Sie wissen, dass sie bei weitem noch nicht alles kennen, was vorhanden und was möglich ist. Darum ist ihre Hoffnung auch viel radikaler und reicher, Hoffnung auf das, wovon man erst hinterher sagen kann: Das hätte ich mir nicht träumen lassen, das ganz und gar Überraschende, Überwältigende, das Gewohnte übersteigende. Warum sollen wir uns von unsern Zukunftsforschern und Trend-Analytikern einreden lassen, es gäbe keinen Grund mehr für solche radikale Hoffnung? Haben wir vergessen, dass dies Krippenkind von dem kommt, der unser aller Vater ist und der Vater aller Zeit und aller Welt? »Ich beuge meine Knie«, sagt der Apostel, »vor dem Vater Jesu Christi, der der rechte Vater ist über alles, was da Kinder heißt im Himmel und auf Erden.«

Christnacht. Und der Engel spricht zu uns: »Ihr werdet finden das Kind.«

Über den Heiland

Über dem Zauber der stillen, Heiligen Nacht, über dem warmen Licht der Kerzen und dem warmen Ton der Weihnachtsmusiken, der Weihnachtsfeiern, der Weihnachtswünsche vergessen wir leicht, dass Weihnachten in Wirklichkeit ein Fest der tiefen Kontraste ist – Kontrast zwischen dunkel und hell, zwischen Nacht und Licht, Furcht und Freude, Kälte und Wärme, zwischen Verlorenheit und Rettung: »Welt ging verloren, Christ ward geboren.« »Es leucht' wohl mitten in der Nacht und uns des Lichtes Kinder macht.« »Mitten im kalten Winter ...« »Christ, der Retter, ist da.« Da muss offenbar jemand gerettet werden wie aus Wassersnot – Land unter!, wie aus Feuersnot – »'s brennt! Briderlech, 's brennt!«. »Euch ist heute der Heiland geboren.« Da muss offenbar jemand geheilt werden, weil er krank oder weil er schwer verletzt ist.

Christus kommt nicht in eine Welt der Verzauberten und der Verzückten, sondern in eine Welt der Verletzten und Verwundeten, nicht in eine stille Winter- und Weihnachtswelt, sondern in eine Welt, die krank ist und die die Symptome ihrer Krankheit immer deutlicher spürt. Eine Welt, die sich dort in Fieberträumen wälzt, die anderswo an Auszehrung und Hungerödemen zu Grunde zu gehen droht und die hier ihre depressiven Schübe mit Betäubungsmitteln in steigender Dosierung bekämpft, ohne zu merken, wie sie immer mehr von ihnen abhängig wird. Schon vergleicht der Club of Rome die heutige Menschheit mit einem, der mit immer mehr Kopfschmerztabletten gegen einen Gehirntumor angeht. Der kranken Welt, sagt die Weihnachtsbotschaft, »ist heute der Heiland geboren«.

Verletzte Welt, sagt die Weihnachtsbotschaft, Christ, der Retter, ist da. Wir alle haben in den zurückliegenden Jahren große Überraschungen erlebt, auch manche Befreiung und Berei-

Anbetung der Heiligen Drei Könige
Flügelaltar von 1510
aus der Kirche St. Michael in Elxleben bei Erfurt
© Angermuseum Erfurt

cherung. Zunehmend spüren wir aber nun auch alle die Narben, die Verletzungen und Verwundungen, die uns die Zeit beigebracht hat. Verletzungen aus DDR-Tagen, die bei manchem nicht heilen wollen, weil das, was gewesen ist, nie wieder gut gemacht werden kann und Schuldige oft schwer auszumachen sind. Verletzungen bei solchen, die gedacht haben, ihr Bestes oder jedenfalls das Mögliche zu tun, und denen jetzt gesagt wird: Es war alles falsch und zu nichts nütze. Verletzungen bei denen, die plötzlich ihre Entlassungspapiere in der Hand halten – irgendwo im Land oder in unserer Nachbarschaft – und bei denen neben der Sorge um das künftige Auskommen vor allem die Wunde brennt: Du wirst nicht gebraucht, dich wollen sie nicht.

In Moskau schon vor sieben Jahren hat der Dichter Jewgeni Jewtuschenko am Ende einer Rede gesagt: »Es ist möglich zu töten, und es ist möglich zu heilen. Jetzt ist es dringend Zeit zu heilen.« Jetzt ist es dringend Zeit zu heilen. Christus hat in seinen Erdentagen offenbar genauso gedacht. Denn er hat nicht nur gelehrt und Gemeinschaft gestiftet, sondern er hat all überall auch geheilt die Verletzten seiner Zeit: dass die Blinden wieder sahen, die Tauben wieder hörten, die Lahmen wieder liefen und die Toten wieder lebendig wurden.

Dabei ist es sicher auch um körperliche Gebrechen gegangen, um Genesung des Leibes. Und wer mit Krankheit und Körperschmerz Erfahrung hat, weiß, wie wichtig es ist, hier Hilfe und Rettung zu erfahren. Gewiss aber gilt ebenso dieses: dass er auch heilte, indem er lehrte und indem er Gemeinschaft stiftete. Denn sicher hat er auch die geheilt, die blind waren vor Hass und taub für das Schreien der leidenden Mitmenschen, lahm im Einsatz für andere und erkaltet in der Liebe. Ganz besonders ihnen ist er der Heiland geworden, hat ihnen Augen und Ohren geöffnet, sie in Gang gesetzt und sie zu einem neuen Leben erweckt. Niemand soll sagen, das sei alles überflüssig und vergeblich gewesen, weil die Welt sich seitdem nicht gebessert habe. In Wirklichkeit nämlich gibt es seitdem neben der großen Geschichte unserer Blindheit und unserer Taubheit, neben der Menschheitsgeschichte der gelähmten Güte und der erkalteten Liebe wie eine Lichtspur durch das

Dunkel der Jahrhunderte die Geschichte seiner Nachfolge, die Geschichte seiner Zeugen von Stephanus bis zum Pater Kolbe, von der Speisung am See Genezareth bis zum Brot für die Welt, von der Segnung der Kinder in Galiläa bis zum Konzil der Jugend in TaizÈ.

Es ist dringend Zeit zum Heilen. Und wenn uns scheint, das ist alles nur schwach und kümmerlich, dann wollen wir uns daran erinnern, wie schwach und kümmerlich das Krippenkind in Bethlehem gewesen ist und wie trotzdem das, was mit seiner Geburt in diese Welt gekommen ist, in alle Ewigkeit nicht mehr aus ihr verschwinden wird. Hat nicht der Engel gesagt: »Euch ist der Heiland geboren in der Stadt Davids?« Wir erinnern uns, wie es gerade dieser kleine David war, der den Sieg über den großmächtigen, den riesigen Goliath davontrug. Das Kind aus der Davidstadt nimmt den Kampf auf mit den Machtzentren der Goliathstädte. Der Heiland aus dem Stamme Davids weiß, dass er am Ende stärker sein wird als all die Diktatoren und Machtmenschen aus dem Stamme Goliath. Darum lasst auch ihr euch nicht entmutigen, weil eure Kraft so kümmerlich ist. Und entschuldigt eure Tatenlosigkeit nicht damit, dass ihr doch nichts tun könnt. »In einem guten Wort«, sagt ein mongolisches Sprichwort, »ist Wärme für drei Winter.« »Und wer einen dieser Geringsten nur mit einem Becher kalten Wassers tränkt«, sagt Christus, »es wird ihm nicht unbelohnt bleiben.« Auch der weiteste Weg beginnt mit dem ersten Schritt, und die Heilung beginnt im Stallgeruch des Alltags.

Voraussetzung freilich ist, dass all dem eine Sehnsucht zu Grunde liegt, die unbesiegbare, die große Sehnsucht der Menschheit nach dem verheißenen Land, nach dem Reich Gottes, nach dem Frieden auf Erden, nach dem göttlichen Schalom. Solange diese Sehnsucht nach einer Welt, die anders ist, solange diese Sehnsucht nicht verloschen ist, solange die Bitte um einen neuen Himmel und eine neue Erde, in welchen Gerechtigkeit wohnt, nicht verstummt ist, so lange ist Hoffnung auf Heilung einer kranken Welt und einer verwundeten Menschheit. Unsere jüdischen Ureltern im Glauben haben dies gewusst und sehr ernst genommen und durch die Zeiten bewahrt. Sie haben den, der diese Gottessehnsucht und

Menschheitshoffnung wach gehalten und durch die Jahrhunderte ertragen hat, den Messias genannt, ein hebräisches Wort, das in die griechische Sprache der frühen Gemeinde übersetzt heißt: Christus – der Hoffnungsträger und Verheißungsgrund durch die Jahrhunderte bis in unsere Tage.

Ich denke, wir wissen ganz gut, was er uns heute zu sagen hat: Überprüft nicht zuerst eure Chancen, sondern überprüft zuerst eure Träume! Wo wollt ihr denn hin? Überprüft nicht zuerst eure Finanzkraft, sagt er zu uns, sondern überprüft eure Ziele! Was wollt ihr denn erreichen? Solange ihr noch meint, die Marktgesetze seien heute aktueller als die Gottesgesetze, so lange blockiert ihr euch selber. Denn vom Markt gehen keine heilenden Kräfte aus, wie manchmal behauptet wird, sondern er selbst bedarf ihrer wie alles in dieser Welt. Verwechselt also nicht mehr Lebensmittel mit Lebenssinn! Erkennt, dass ihr zuerst von euch selbst geheilt werden müsst, von euren falschen Wünschen, euren selbstverschuldeten Ängsten, euren verworrenen Zielen; dann wird auf einmal vieles wieder ganz einfach werden.

Davon redet der Engel, der die Weihnachtsbotschaft bringt, wenn er uns sagt: »Euch ist heute der Heiland geboren«, und weiter: »welcher ist Christus, der Herr in der Stadt Davids.« »Der Herr«, Herr der Welt – mit diesem Wort wird plötzlich der Horizont groß und der Blick weit. Der uns hier anredet, es ist der Herr der Zeit und der Gott aller Welt. Der will uns gesund machen durch das Krippenkind in der Davidstadt, durch Christus unseren Heiland. Die Welt ist sehr bedroht, sagt er, aber ich bin der Herr. Fürchtet euch nicht! Ihr seid verwundet, sagt er, aber euch ist ein Heiland geboren. Vertraut seinem Wort! Und jetzt über unsern Köpfen hören wir den Gesang der Zeiten, und mit Sehnsucht und mit Hoffnung singen wir mit: »Ehre sei Gott, unserm Herrn, in der Höhe und Frieden und Frieden und Frieden auf Erden und uns Menschen ein Wohlgefallen.«

Anbetung der Hirten
Glasfenster aus dem 19. Jahrhundert
Peterskirche in Tiefenort bei Eisenach

Über die Armut

„Er ist auf Erden kommen arm, dass er unser sich erbarm", singen wir im Weihnachtslied. Und der Apostel Paulus schreibt: »Obwohl er reich ist, wurde er doch arm um euretwillen.« Die Weihnachtsgeschichte ist eine Geschichte von armen Leuten, eine Geschichte, die in der Welt der Armut spielt – jedenfalls so, wie sie Lukas erzählt, dessen Evangelium ja insgesamt ein Evangelium besonders für die Armen ist. Bei ihm wird vom Gold der Könige und vom strahlenden Stern nicht berichtet, wohl aber von den Wanderern auf der Landstraße und vom neugeborenen Kind, das in eine Futterkrippe gelegt werden musste, weil nichts anderes da war. Dabei ist keineswegs sicher, dass die Menschen in Bethlehem, wie unsere Krippenspiele vermuten lassen, unbarmherzig waren; vielleicht waren sie wirklich nur bettelarm und hatten selber nichts Besseres anzubieten. Die Geschichte erzählt auch von den Hirten: nicht von den großen Herdenkönigen und Viehbesitzern des Alten Testaments, sondern von Lohnabhängigen und Nachtarbeitern, Leuten aus der sozialen Unterschicht, die diesen rauen und schlecht bezahlten Beruf ausübten. Hier wird ein Kind in die Armut hineingeboren. »Er ist auf Erden kommen arm.«

Wie stellen wir uns zu dieser Armut des Gottessohnes? Mir kommt eine kleine Erinnerung: Bei den Vorüberlegungen zu unserem neuen Gesangbuch vor einem Jahrzehnt bin auch ich eine Weile dabei gewesen. In einer gesamtdeutsch zusammengesetzten Gruppe überlegten wir, welche Lieder und welche ihrer Strophen aus dem alten ins neue Gesangbuch übernommen werden sollten. Bei einem Weihnachtslied stießen wir dann auf die Strophe: »O, dass doch so ein lieber Stern soll in der Krippen liegen. Für edle Kinder großer Herrn gehören güldne Wiegen. Ach, Heu und Stroh ist viel zu schlecht. Samt, Seide, Purpur wären recht, dies Kindlein drauf zu legen.«

Darüber entstand eine Ost-West-Differenz. Wir alle aus der DDR, so verschieden wir sonst auch waren, sagten: Diese Strophe kann man nicht mehr singen. Wir müssen sie streichen. Die Mitglieder aus dem Westen traten dagegen für sie ein als einen – wenn auch etwas barocken – Ausdruck der Jesusliebe. Ich sehe heute noch deutlicher, was uns damals störte, und meine, wir hatten wirklich Recht: Natürlich ging es dabei auch um unsere ärgerliche DDR-Erfahrung, dass die Kinder unserer großen Herrn selbstverständliche und ungerechte Privilegien genossen, so wie wir das auch heute noch in der Welt des Geldes und der Macht erfahren: güldene Wiegen für die angeblich edlen Kinder großer Herrn und für ihre edlen Frauen und für sie selber güldene Badewannen – was ja immer auch einschließt: Ja, wenn es um die einfachen Kinder kleiner Leute geht, dann ist das mit einer primitiveren Lagerstatt schon in Ordnung, nicht aber bei den edlen Kindern großer Herrn. Natürlich weckt solch eine Vorstellung Widerspruch.

Aber das Entscheidende ist das noch nicht. Entscheidend ist vielmehr, dass mit solch einem Text ein Missverständnis genährt werden könnte: Als sei die Krippengeburt, die Armut dieses Christuskindes so etwas wie ein Irrtum, der, wenn irgend möglich, korrigiert werden muss. Eigentlich gehörte er ja in die Welt der Reichen, der Begüterten, in die Welt von Samt, Seide und Purpur, und die Welt wäre wieder in Ordnung, wenn dies edle Kind umsteigen könnte aus der Futterkrippe in die güldene Wiege, aus der Welt der Armut in die Welt des Reichtums, so wie Aschenputtel am Ende aufsteigt in die Welt des Königssohns und des Hochadels oder der kleine Straßenjunge aus der amerikanischen Vorstadt zum little Lord Fauntleroy wird. Nein, diese armselige Geburt, diese Armut des Krippenkindes ist kein Irrtum, sondern es ist der Wille Gottes. »Es ist des Vaters Wille, der hat's also gewollt.« Und damit ist es auch der Wille Jesu. So wollte er in der Welt sein: mit den Fischern am See, mit den Fußgängern auf der Landstraße und am Brunnen die Frau um einen Trunk Wasser bitten. Er war ein Freund und Tröster der Armen – »Den Armen wird das Evangelium gepredigt«. Er war ein Kritiker und ein Mahner der Reichen – »Wehe euch Reichen!«, hat er gesagt.

Freilich dürfen wir nun nicht dem andern Missverständnis verfallen: Als sei die Armut für Jesus der eigentlich erstrebenswerte Zustand des Menschen, als ginge es um die Verklärung des Elends, um eine Idylle der kleinen Leute: Jesus als ein Naturbursche, anspruchslos, genügsam, unbeschwert und mit allem zufrieden. Nein, dazu wusste er zu genau, wie weh Hunger und Durst tun, wie kalt die Nächte sind für Obdachlose, vor allem aber, was es heißt, wenn die Not unabsehbar wird und die Zukunft darum zu einem einzigen Albtraum. Jesus liebte nicht die Armut, sondern er liebte die Armen. Er lebte unter ihnen, um ihnen nahe zu sein, aber auch, um ihnen zu sagen, was schon das Gesetz und die Propheten verkündigt haben: Gott ist ein Helfer der Witwen und der Waisen, die Hungrigen sollen satt werden, und die Sanftmütigen sollen das Erdreich besitzen. Wie es ist, soll es nicht bleiben. Auch das ist des Vaters Wille, er hat's also gewollt.

So wäre Christi Ziel in dieser Welt also weder der Reichtum noch die Armut. Die Reichen hat er gewarnt, und die Armut wollte er überwinden. Was ist dann also sein Ziel? Ich denke, es ist ein Doppeltes. Zum Ersten ist es die Gerechtigkeit, und das heißt durchaus auch die soziale Gerechtigkeit, der Ausgleich zwischen den Menschen. Paulus schrieb, so hatten wir gehört, an die Christen in Korinth: Christus wurde arm um euretwillen. Er schrieb dies im Zusammenhang einer Bitte. Er bat um eine Geldsammlung für die bedürftigen Menschen in Jerusalem, aus der reichen Stadt Korinth für die armen Leute in Jerusalem. Und er schreibt wörtlich: »Nicht geschieht das in der Meinung, dass die andern gute Tage haben und ihr Trübsal, sondern dass ein Ausgleich sei. Euer Überfluss diene ihrem Mangel in der gegenwärtigen Zeit, damit auch ihr Überfluss eurem Mangel diene, wenn ihr es nötig habt, und dass so ein Ausgleich geschehe.«

Dies also sollte ein Modell sein für unser Handeln: zunächst unter den Christen, den Gemeinden, den Kirchen der Welt, dass die reichen Kirchen in Deutschland den armen in Afrika oder in Rumänien helfen, Brot für die Welt, dass nicht wir im

Überfluss haben, verschwenden und wegwerfen, was ihnen zum Überleben fehlt, sondern dass wir alle satt werden. Aber zuletzt geht es nicht nur um Kollekten und Spenden, nicht nur um Almosen, sondern um Gerechtigkeit, »dass da ein Ausgleich geschehe« auf einer gemeinsamen mittleren Ebene, dass also die Reichen nicht immer reicher werden, sondern bescheidener, und die Armen nicht immer ärmer werden, sondern wohlhabender, dass also die Kapitalbesitzer nicht noch Zinsen und Zinseszinsen dazu bekommen und die Mittellosen sich immer weiter einschränken müssen, weil es für sie dann nicht mehr reicht.

Der als Kind in der Krippe gelegen hat und als Mann die Armen um sich sammelte, der sagt zu uns: Es ist Zeit, dass ihr euch einmischt und euch in meinem Namen Gedanken macht, wie einst mein Apostel, wie es möglich wird, »dass da ein Ausgleich bestehe«. Es ist ein Irrtum zu meinen, das sollten wir den Fachleuten überlassen. Im Gegenteil: Sie brauchen dringend unseren Rat, unsere Erfahrung, auch unseren Nachdruck und unsere Ungeduld und am Ende unsere Bereitschaft, das Unsere dazu zu tun.

Das andere Ziel Jesu aber ist, dass wir neu darüber nachdenken, wie der Sinn von »arm« und »reich« zu bestimmen ist. Denn es ist eine kümmerliche Vorstellung, dass Reichtum nur eine Sache von Geld und Kontostand sein sollte, von Grundbesitz und Eigentum. Wer sich an Fellinis Film erinnert, der weiß, wie dieses dolce vita ganz öde und glanzlos werden kann, und wer sich an das Evangelium des Lukas erinnert, hat im Ohr: »So geht es dem, der sich Schätze sammelt und ist nicht reich in Gott.« Wer unter euch ist kinderreich oder ideenreich, hilfreich oder liebreich? Die oder der soll sich beschenkt wissen vom ewig reichen Gott. Denn eine Gesellschaft, die kinderlos und ideenlos wird, hilflos und lieblos, die ist wirklich arm dran und darauf angewiesen, dass sie wieder reich gemacht wird durch das arme Kind in der Krippe. Denn »er ist auf Erden kommen arm, dass er unser sich erbarm und in dem Himmel mache reich und seinen lieben Engeln gleich, Kyrieleis!« Herr, erbarme dich! Krippenkind, erbarm dich unser!

In dieser Heiligen Nacht tut der Himmel sich auf über dem Stall von Bethlehem, über den Hirten auf dem Feld, über den Menschen auf der Erde, auch über unserer Stadt, über unserem Dorf und allen, die darin wohnen. Und wenn ihr jetzt den Blick hebt, dann seht ihr den Reichtum dieses Himmels, den Reichtum unseres Gottes: Seine Liebe umfängt euch; wärmt mit ihr die frierende Welt! Seine Verheißung gilt euch, dass satt werden sollen, die da hungern und dürsten nach Gerechtigkeit. Ändert im Vertrauen auf sie die friedlose Erde! Sein gutes Wort erleuchtet euren Weg; macht damit hell die dunklen Gedanken! Wir werden so seinen lieben Engeln gleich als seine singenden, lobpreisenden, die Botschaft weitersagenden Boten. Wie schreibt der Apostel? »Als die Traurigen, aber alle Zeit fröhlich, als die Armen, die doch viele reich machen.« Meine Schwestern und Brüder, sagt Christus, der arm zu uns gekommen ist, reich wollt ihr werden? Wenn ihr mir nachfolgt, seid ihr es längst.

Über den Frieden

Wenn es eine Botschaft gibt, die alle Menschen mit dem Weihnachtsfest in Verbindung bringen, dann ist es diese: »Friede auf Erden«. Fest des Friedens hat man das Weihnachtsfest genannt, und auch über den Weihnachtsmarkt klingt es: »'s ist, als ob Engelein singen wieder von Frieden und Freud.« Tatsächlich singen ja die Engel auch nach der biblischen Erzählung in der Bethlehemsnacht vom Frieden: »Ehre sei Gott in der Höhe und Frieden auf Erden und den Menschen ein Wohlgefallen.« Die stille, heilige Nacht – eine friedliche Nacht. Die eingeschneite Weihnachtswelt – eine Welt des Friedens. Die Politiker gehen in Urlaub. Die Kämpfer verkünden einen Waffenstillstand. Der Konkurrenzkampf ruht.

Vor einem halben Jahrhundert haben wir in Deutschland wieder die ersten Weihnachtsfeste im Frieden gefeiert – unvergesslich für alle, die es damals miterlebten. Ein ungeheures Aufatmen war durch das Land gegangen. Weihnachten wurde mit großer Dankbarkeit gefeiert. Gehungert haben wir und gefroren. Flüchtlinge waren noch unterwegs oder sehr notdürftig bei uns mit untergebracht. Stromsperren und nächtliche Ausgangsverbote schränkten unser Leben ein. Aber: Frieden! Alles wollen wir ertragen, hatten die Menschen gesagt, wenn nur die Bombennächte aufhören und unsere Männer nicht mehr an den Fronten verbluten. Jetzt war es soweit.

Aber wirklich zur Ruhe gekommen ist die Welt seitdem nicht. Und nach endgültigem Aufatmen ist uns auch heute nicht zumute: »Nun ist groß Fried ohn Unterlass. All Fehd hat nun ein Ende.« Hier und dort schweigen die Waffen; aber keineswegs überall, und sie rollen noch täglich von den Fließbändern auch in unserem Land, werden über die Meere verschifft und über die Erde verteilt. Die Hungervölker rütteln an den Toren der Wohlstandsinseln unserer Erde und hungern nach Brot und nach Gerechtigkeit. Der Mensch erobert immer neue Märkte und neue Quellen zum Verbrauch, während die Schöpfung vor ihm kapituliert und in die Knie geht. Da wird es kahl und öde.

Es ist nach 1945/46 schnell gegangen, dass nach dem großen Aufatmen die Erkenntnis reifte: Zum Frieden auf Erden fehlt noch viel. Der Weg zu ihm ist noch weit. Die draußen an der Front und daheim in den Bombennächten ersehnte Ruhe ist den Menschen versagt geblieben in den Gefangenenlagern und in den Trümmerstädten, im Kalten Krieg und im Wirtschaftswunder, beim Wiederaufbau und bei der Wiedervereinigung, in wechselnden Zeiten. Sie alle, wir alle sind kaum je zur Ruhe gekommen, und der Frieden, kaum gewonnen, wurde schnell wieder zu Wunschtraum und Sehnsucht. Denn das Gegenteil des Friedens ist nicht nur der Krieg, es ist die Friedlosigkeit, eine Friedlosigkeit, die ihre tiefsten Wurzeln in uns selber hat. Da ist eine Wechselwirkung zwischen den treibenden Kräften in dieser Welt und dem Umgetriebensein in unserem Innern, zwischen der Ruhelosigkeit um uns und der Unruhe in unserem Herzen, zwischen der Furcht, die wir in uns tragen, und der Furcht, die wir um uns verbreiten.

In den Evangelien steht am Anfang die Weihnachtsgeschichte, und am Ende steht die Ostergeschichte. In der Weihnachtsgeschichte wird gesungen »Ehre sei Gott in der Höhe und Frieden auf Erden«, und in der Ostergeschichte wird berichtet, wie der, dessen Geburt wir zu Weihnachten feiern, seine Jünger in Jerusalem angetroffen hat hinter verschlossenen Türen, getrieben von ihrer Angst, sich mäuschenstill verhaltend aus Furcht vor den Mächtigen, ruhelos hinter verschlossenen Läden. Und dann heißt es: »Da trat Jesus mitten unter sie und sprach zu ihnen: ›Friede sei mit euch! Wie mich der Vater gesandt hat, so sende ich euch.‹«

Das ist nicht der Alarmpfiff: An die Gewehre! Das ist der Adventsruf: »Machet die Tore weit und die Türen in der Welt hoch, dass der König der Ehren einziehe!« Der Frieden beginnt damit, dass verschlossene Türen aufgetan werden und verschlossene Herzen auch: »Komm, o mein Heiland Jesu Christ,

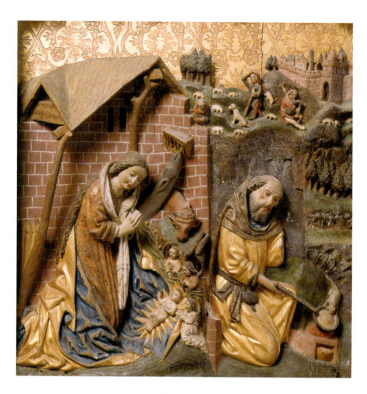

Geburt Christi
Flügelaltar um 1490
Kirche St. Trinitatis in Schwabhausen bei Gotha

meins Herzens Tür dir offen ist.« Wo er bei uns eintritt und zu uns sagt: »Wie mich der Vater gesandt hat, so sende ich euch«, dort kommt der Frieden in Bewegung. Denn Frieden ist nicht ein Zustand, sondern ein Geschehen, ein Prozess, eine lebendige Kraft. »Frieden auf Erden« heißt nicht: »Der Frieden ist da.« Sondern es heißt: »Der Frieden ist im Gang.«

Wir können uns an unsere eigenen Erfahrungen aus den achtziger Jahren erinnern, als wir staunend sahen, wie Friedensgebete Menschen und Ereignisse in Gang bringen können. »Mache dich auf«, sagt der Prophet, »werde Licht, denn dein Licht kommt und die Herrlichkeit des Herrn geht auf über dir!« Mache dich auf, singen die Engel in der Heiligen Nacht, Hirte und Weiser, Frau und Mann, Christenheit und Menschheit, mache dich auf! Denn der Frieden zieht seine Bahn durch die verworrene, ruhelose Weltgeschichte, und er braucht Menschen, die mit ihm ziehen, in der Nachfolge dessen, den der Prophet »Friedensfürst« nennt, »auf dass seine Herrschaft groß werde und des Friedens kein Ende«. Da ist etwas Großes im Werden, das seinen Anfang genommen hat in der kleinen Welt von Bethlehem und das kein Ende haben soll in alle Ewigkeit. Wo Stillstand ist, da ist noch kein Frieden. Darum ist Waffenstillstand nötig, doch er kann nur die Voraussetzung dafür sein, dass Frieden in Gang kommt.

Aber dieser Frieden ist dann auch nicht nur eine Sehnsucht, nicht nur ein Wunschtraum und großer Menschheitsseufzer, sondern er ist schon unterwegs mit uns, wenn wir uns aufmachen in der Gemeinschaft der Friedfertigen, von denen Jesus sagt, sie werden Gottes Kinder heißen. Die Friedensbotschaft steht in der Weihnachtsgeschichte ja nicht allein, sondern sie ist untrennbar verbunden mit der Ehre Gottes, mit dem Herrn der Herrlichkeit, mit dem Ewig-Vater und Weltschöpfer, dessen Tun all unserem Tun voraus ist. Und sie ist untrennbar verbunden mit seinem Wohlgefallen an seiner Schöpfung, der Liebe zu seiner Menschheit, zu all seinen Menschenkindern. Gott steht ein mit seiner Herrlichkeit und mit seiner Menschenliebe für die Möglichkeit des Friedens auch auf unserer Erde.

Darum sind wir auch als wanderndes Gottesvolk, auch als Minderheit, auch als Einzelgänger keineswegs verloren in der

Weite der Welt oder erdrückt von der Macht der Fakten, sondern wir sind im Bunde mit dem, der am Anfang war und der das Ziel kennt. Er fordert uns auf und ermutigt, das Ungewohnte, das Überraschende zu tun, aus dem der Frieden wachsen will: für die Sanftmut unsere Stimme zu erheben im Verdrängungskampf, für die Barmherzigkeit in der Leistungsgesellschaft, für Gerechtigkeit in der Marktwirtschaft, für Schwesterlichkeit und Brüderlichkeit in den Machtzentren, für neue, bessere Ziele der Menschheit zu werben und nicht für neue Ansprüche, nach dem Ausgleich zwischen den Armen und den Reichen Ausschau zu halten und nicht nur nach Marktlücken und Gewinnchancen, der Liebe das Wort zu reden und nicht der Gewalt, dem Vertrauen und nicht der Angst, der Hoffnung und nicht der Resignation. »Den Frieden lasse ich euch«, hat Christus gesagt, »meinen Frieden gebe ich euch. Nicht gebe ich, wie die Welt gibt. Euer Herz erschrecke nicht und fürchte sich nicht.« Und »Fürchtet euch nicht« sagt darum auch der Engel in der Heiligen Nacht.

Denn es ist Zeit, aufzubrechen auf dem Weg des Friedens, seiner Lichtspur zu folgen, die sich hinzieht durch die Jahrtausende der Menschheitsgeschichte. Christus geht uns voran und geht an unserer Seite in die neuen Tage, ins neue Jahr, ins neue Leben. Geht hin in Frieden, sagt er zu uns. Schalom! Schalom!

ÜBER DAS HEUTE

Nun heißt es wieder: Heute ist Weihnachten. Vor allem die Kinder sagen: »Endlich!« Sie haben sich mühsam auf diesen Tag vorgearbeitet: Schritt für Schritt auf dem Adventskalender – »Drei Mal werden wir noch wach« – »Morgen kommt der Weihnachtsmann« – endlich also: heute. Aber auch wir Erwachsenen empfinden dies als ein besonderes Heute: »Streitet doch nicht«, sagt die Mutter. »Heute ist Weihnachten.« »Denkt an die Armen!« sagen wir. »Seht zu, dass ihr mal zur Ruhe kommt! Heute ist Weihnachten.«

In unseren Weihnachtsliedern klingt dieses Heute all überall auf: Im Lied, das Martin Luther einst für seine Kinder schrieb: »Euch ist ein Kindlein heut geborn, von einer Jungfrau auserkorn.« Bei Paul Gerhardt kurz nach dem Dreißigjährigen Krieg: »Heute geht aus seiner Kammer Gottes Held, der die Welt reißt aus allem Jammer.« Ja, im ganz frühen Weihnachtslied, als man noch lateinisch sang: »Hodie Christus natus est. Hodie salvator aparuit. – Heute ist Christus geboren, heute der Heiland erschienen.« Ein festliches, weihnachtliches Heute all überall: »Heut schleußt er wieder auf die Tür zum schönen Paradeis.« Und all das hat seinen Grund und Ursprung in der biblischen Botschaft der Heiligen Nacht: »Und der Engel sprach zu ihnen: Euch ist heute der Heiland geboren.«

Freilich, wie aus dem Morgen endlich das Heute wurde, so wird aus dem Heute schnell auch das Gestern. »Gestern kam der Weihnachtsmann«, wird es nun bei den Kindern heißen. Was hat er gebracht? War's schön zum Fest? Und wenn wir die Geschenktische abräumen, wenn der kahl gewordene Baum entsorgt wird, dann ist alles wieder vorbei, Weihnachten liegt hinter uns, Erinnerung, Vergangenheit, Gestern.

Zuerst ergibt sich daraus natürlich die nahe liegende Folgerung: Freut euch an diesem Heute! Genießt die Stunden!

Geburt Christi
Wandteppich von 1550
Ursulinenkloster Erfurt

Nutzt die schöne Gegenwart! Die Zeit, die ihr euch heute für eure Kinder nehmt, bleibt ihnen in guter Erinnerung, lässt sie vielleicht manches Versäumte von gestern vergessen, hilft ihnen über manche Durststrecke von morgen hinweg. Vielleicht fällt es uns heute auch leichter, das versöhnliche gute Wort zu sprechen, das längst fällig war und noch in die kommenden Tage nachklingt. Und die Weihnachtsbotschaft, heute gehört, gesungen und zu Herzen genommen, wird uns helfen, morgen etwas aus vollem Herzen zu tun. Weihnachten – ein erfülltes Heute: Schöpfen wir es aus!

Freilich, wenn wir genauer hinsehen, erhebt sich doch eine Frage: Trifft denn diese Botschaft für unsern heutigen Tag überhaupt zu: »Euch ist heute der Heiland geboren«? Ist er nicht in Wirklichkeit vor zweitausend Jahren geboren? Und was ist das dann für ein Heute in all den schönen Weihnachtsliedern: Paul Gerhardts Heute vor mehr als 300 Jahren und Martin Luthers Heute vor mehr als 400 oder im alten lateinischen Lied tief im Mittelalter – ein längst verklungenes Heute? Ist er wirklich uns heute geboren?

So berechtigt diese Frage ist, sie übersieht doch eine entscheidende Tatsache: dass die Christgeburt zwar auch in die Menschengeschichte gehört, in die Zeit, als Cyrenius Landpfleger in Syrien war – in die Weltgeschichte der Kaiser und in die Alltagsgeschichte der kleinen Leute, dass diese Christgeburt aber zugleich und vor allem in die Gottesgeschichte gehört und so nicht nur ein Zeitpunkt in der historischen Tabelle ist, sondern sich im Mittelpunkt und auf dem tiefen Grund aller Zeit ereignet, in der Heilsgeschichte Gottes. Alle Gottesgeschichten der Bibel haben eine Besonderheit: Sie erzählen zwar von bestimmten Menschen und Zeitereignissen, aber sie beziehen doch immer uns Hörerinnen und Hörer mit ein, sie beteiligen uns an dem, was erzählt wird. Sie berichten also nicht nur, was damals war, sie sagen uns immer auch, was heute ist.

Im Alten Testament im letzten Buch Mose erinnert der alt gewordene Mose eine neue Generation seines Volkes an den Bundesschluss Gottes einst am Sinai; aber er fügt gleich hinzu: »Gott hat nicht mit unseren Vätern diesen Bund geschlossen, sondern mit uns, die wir heute hier sind und alle leben.« Seitdem weiß Israel: So oft diese Geschichte wieder erzählt oder verlesen wird im Tempel in Jerusalem oder auf dem langen Leidensweg der Judenheit durch die Jahrhunderte, an irgendeinem Ort in der Zerstreuung über die ganze Erde, wo immer diese Geschichte erzählt wird, da galt: Hier redet Gott nicht nur mit unsern Vätern, sondern mit uns, die wir heute hier sind und alle leben.

Das ist bei uns in der Christenheit, in Gottes Volk im Neuen Bund, nicht anders: Sooft wir die biblischen Geschichten hören, redet Gott nicht nur mit den Vätern von einst, sondern mit uns, die wir heute hier sind und alle leben. Da wandert ein ungealtertes, nicht überholbares göttliches Heute durch die Zeiten und gilt immer frisch und jung denen, die es gerade hören. »Heute, so ihr seine Stimme hört«, sagt der Psalmist, »so verstockt euer Herz nicht!«

Martin Luther erklärt dies einmal so: Vor Gott, sagt der Psalm, sind tausend Jahre wie ein Tag. »Denn Gott siehet nicht die Zeit nach der Länge, sondern nach der Quer. Als wenn du einen langen Baum, der vor dir liegt, über quer ansiehest. So kannst du beide Orte und Ecken zugleich ins Gesicht fassen. Das kannst du nicht tun, wenn du ihn nach der Länge ansiehst. Wir können nach unsrer Vernunft die Zeit nicht anders ansehen denn nach der Länge, müssen anfangen zu zählen vom Adam ein Jahr nach dem andern bis auf den Jüngsten Tag. Vor Gott aber ist es alles auf einem Haufen.

Das bedeutet also: Da, wo Gott zu uns redet, werden die Grenzen unseres Denkens, die an Raum und Zeit gebunden sind, geöffnet in den großen Horizont Gottes, von dem wir zur Jahreswende wieder singen werden: »Der du die Zeit in Händen hast« und von dem der Beter im Psalm weiß: »Meine Zeit steht in deinen Händen.« Da wird dieses Weihnachten in einem weit geöffneten Blickwinkel gesehen, in jenem Licht und jener Klarheit, in denen auch die Hirten in Bethlehem unter dem geöffneten Himmel ihre Arbeitsnacht und ihren Alltag plötzlich erblickten als das wunderbare Heute des göttlichen Heils.

Es darf kein Missverständnis entstehen: Wir leben noch in der Zeit. Wir können nach unserer Vernunft die Zeit nicht anders sehen als nach der Länge, müssen anfangen die Jahre zu zählen, müssen sprechen von Vergangenheit, Gegenwart und Zukunft, von Erfahrung, Erwartung und noch ausstehender Verheißung. Aber wir wissen doch zugleich: Diese Gottesgeschichten sind nicht nur Geschichten von gestern und vorgestern, sondern sind zugleich die Menschheitserfahrungen von morgen und übermorgen. Gotteserinnerung begründet immer die Gotteserwartung. »Ich bin, der ich war«, sagt er. »Wie mich eure Urväter und eure Mütter kennen gelernt haben, so will ich euern Kindern und Kindeskindern begegnen. Denn für mich seid ihr alle gleichzeitig: Maria und Joseph und ihr heute in Deutschland, Paul Gerhardt und Martin Luther und die neuen Geschlechter, die nach euch kommen und die Erde bewohnen sollen. Für mich seid ihr alle gleichzeitig.«

Unsre Stunden sind nach wie vor eingeteilt und abgezählt und müssen als jeweilige Gegenwart genutzt werden. Unser Weg geht noch immer aus der Frühe der Kindheit in den Abend des Alters und in die Nacht des Todes. Aber hoch über allem Abend und Morgen, aber hoch über all unseren Tagen leuchtet Gottes ewiges Heute jung wie am ersten Schöpfungsmorgen und ohne Abend. Auf unserem Weg durch die sehr verworrene Weltgeschichte und auf unserem oft mühsamen Lebensweg treffen wir in wunderbarer Weise immer wieder auf den, der uns in jeder neuen Gegenwart schon erwartet hat und der in jeder Zukunft, zu der wir noch unterwegs sind, schon längst zu Hause ist und nach uns Ausschau hält, der darum täglich zu uns sagt: »Heute, so ihr meine Stimme hört, so verstockt euer Herz nicht. Denn auch euch, wann immer ihr auf dieser Erde lebt, auch euch ist heute der Heiland geboren.«

Anbetung der Heiligen Drei Könige
Elisabeth-Kasel aus dem frühen 14. Jahrhundert
Erfurter Domschatz

ÜBER DIE KÖNIGE

Wo die Weihnachtskrippen aufgebaut oder die Weihnachtsbilder gemalt werden, da dürfen sie nicht fehlen: die Weisen aus dem Morgenland, die Heiligen Drei Könige. Gold, Weihrauch und Myrrhe bringen sie mit, so sagt die alte Überlieferung. Neben der Armseligkeit der Heiligen Familie, neben den Hirten, ziemlich mittellosen Leuten, die von ihrer Hände Arbeit leben, sehen wir also prächtige Gewänder, funkelnde Juwelierware, Glanz und Herrlichkeit: die Könige. Ist das nicht die Welt der Reichen und der Schönen, wie wir sie aus den Märchenbüchern und aus den bunten Illustrierten kennen, die abgerückte Welt der königlichen Hochzeiten und der Opernbälle, die Traum- und Fernsehwelt für die kleinen Leute? So stellen sich also auch die oberen Zehntausend, die Inhaber der Macht und des Reichtums an der Krippe ein und feiern auf ihre Weise das Weihnachtsfest mit erlesenen Geschenkideen, mit Geschmeide und Wohlgerüchen, mit Gold, mit Weihrauch und mit Myrrhe?

Geht es wirklich darum? Es fällt ja auf, dass diese königlichen Gestalten die Weisen genannt werden, die Weisen aus dem Morgenland. Dann wären das also Könige, deren Königtum nicht durch Reichtum ausgezeichnet ist, sondern durch Weisheit, durch Weitblick, durch tiefere Einsicht. Diese Weisen haben offenbar einen Blick für die Zeichen der Zeit, haben eine Ahnung von dem, was kommt. Wir in der Bundesrepublik haben ja die so genannten Fünf Weisen. Aber was ist das für eine Weisheit? Sie können nicht mehr, als die Einkommensentwicklung und die Wachstums-Rate unsrer Wirtschaft taxieren. Die biblischen Sternseher aber haben eine Vision, wie eine kommende Sternstunde der Menschheit aussehen kann, und eine große Hoffnung im Morgenglanz der Ewigkeit.

Und uns überkommt eine Sehnsucht, dass auch unsere Eliten und unsere Herrscher durch solche Weisheit geprägt wären, ob sie nun Könige genannt werden, Kanzler oder Präsidenten. Wir empfinden es ja schon als einen Lichtblick, wenn unter all den cleveren Taktikern, geschickten Wahlrednern und zerstrittenen Machtverwaltern ein Mann wie der Afrikaner Nelson Mandela hervortritt oder wie der Jude Izchak Rabin. Vielleicht empfinden wir Deutschen es deshalb schon als eine kleine Sternstunde, wenn der eine oder der andere Bundespräsident einmal eine Rede hält, in der ein Hauch von solcher Weisheit und Weitsicht weht. Denn es gibt einen zunehmenden Mangel an Hoffnungsbildern und eine wachsende Sehnsucht nach Menschheitszielen, die einsichtig und leuchtkräftig sind. Und dieser Bericht von den Weisen aus dem Morgenland an der Krippe Jesu ist, denke ich, eine solche Vision.

Nicht in der Weihnachtsgeschichte des Lukas, die am Heiligen Abend verlesen wird, wohl aber in der des Evangelisten Matthäus wird von diesen Männern aus dem Orient berichtet. Bei genauem Zusehen zeigt sich: Dieser biblische Bericht weiß gar nichts davon, dass sie Könige gewesen wären. Sie waren einfach weise Männer, Zeitendeuter, babylonische Magier vielleicht, die erst eine nachträgliche Deutung zu Königen gemacht hat. Arme Leute waren sie nicht; sie bringen kostbare Geschenke mit. Aber für das Evangelium ist etwas Anderes viel wichtiger: dass sie Leute waren, die wussten, welche Stunde geschlagen hat, was unsre Welt bedroht und was sie retten kann – und dass sie daraus den Schluss gezogen haben, es ist Zeit, die Knie zu beugen vor dem Kind in der Krippe.

Trotzdem ist es aber eine Königsgeschichte. Sogar zwei Könige werden erwähnt: der König Herodes, der damals in Jerusalem regierte, und der »neu geborene König der Juden«, Christus, der zu Pilatus sagen wird: »Ja, ich bin ein König.« Herodes war nach allem, was wir wissen, ein machthungriger und prachtliebender König von Roms Gnaden, der damaligen Supermacht, der über Leichen ging, wenn seine Macht und sein Reichtum auf dem Spiele standen; Massenmord an den Kindern von Bethlehem wird ihm nachgesagt. Und vor und nach ihm zieht sich eine blutige Spur von Massenmord an Kindern und Frauen, an Alten und Kranken, an Andersartigen, Andersgläubigen, Andersdenkenden als ethnische Säuberung, als Eroberung, als Endlösung durch die Geschichte der Menschheit.

Der aber, vor dem dieser Machtmensch jäh erschrickt, wie die Bibel sagt, ist der andere König, der eben neu geborene, der eine neue Botschaft in diese Welt bringt: die Botschaft, dass die Gewalt zuletzt aussichtslos ist, aber die Liebe unabsehbar tragfähig, dass letzten Endes nicht die Cleveren und die Skrupellosen das Erdreich besitzen werden, sondern die Sanftmütigen und die Freundlichen, dass die Selbstsucht am Ende nur einsam macht, aber das Gottvertrauen reich und hoffnungsvoll. Das ist die Botschaft vom Reich Gottes, dem Gegenentwurf zu den Herodes-Reichen und den Reichen seiner römischen Hintermänner. Der in diesem Reich herrscht als Antipode zu den Machthungrigen und Brutalen, von ihnen verhöhnt, verdrängt und zutiefst gefürchtet, das ist der »König aller Königreich, ein Heiland aller Welt zugleich«, und »sein Königskron ist Heiligkeit, sein Zepter ist Barmherzigkeit«.

Bald überschreiten wir die Schwelle zu einem neuen Jahrtausend. Nicht, als ob wir die Lasten und die Schulden, die Torheiten und die Ängste unsrer Tage im alten Jahrtausend einfach zurücklassen könnten. Und doch sind wir getrieben von der Sehnsucht und bewegt von der Hoffnung, dass vieles in diesem neuen Jahrhundert anders werden könnte als im zurückliegenden, besser, heller, freundlicher. Und wenn wir auch alle Mühe haben werden, Schritt für Schritt einen Weg dorthin zu finden, es ist lebenswichtig, dass wir jenseits der Zeitschwelle nicht nur die graue Wand der Ungewissheit sehen, sondern ein Ziel, auf das zuzugehen sinnvoll ist und uns ermutigt. Welche Umrisse dieses Hoffnungsbildes, für dessen Glaubwürdigkeit der Herr der Sterne und aller Welt selber einsteht, werden schon im Weihnachtstext des Matthäus erkennbar? Ich sehe diese:

Herodes ist noch eine Weile schrecklich und blutig; aber zuletzt läuft er ins Leere, und den Heiland der Welt bringt er nicht um. Und ganz gleich, was der Goldbarren und die Feinunze an der Londoner Börse kostet, die Reichen dieser Erde teilen nun ihr Gold mit denen, die im Stall wohnen und ihr Kind in die Futterkrippe legen. Und es entsteht daraus eine überraschende Erfahrung: Nicht: Als nun Maria und Joseph das Gold und die anderen Geschenke sahen, wurden sie hoch erfreut. Sondern hoch erfreut, sagt die Bibel, sind jetzt die, die das Gold bringen und verschenken. Die schenken lernen, werden dadurch selber zu Beschenkten. Denn sie wissen jetzt: Im Zeichen dieses Kindes steht unser Leben unter einem guten Stern. Die Weisen – ob es nun drei sind oder fünf oder ungezählte – beugen ihre Knie nicht vor dem Gold und beten es nicht an, sondern sie beugen die Knie vor dem Kind in der Krippe und beten den an, dessen Königskron Heiligkeit ist und dessen Zepter Barmherzigkeit.

Wir wollen uns aufmachen mit diesen Heiligen Drei Königen, diesen Königen der Weisheit. Ich sehe sie jetzt als riesige Gestalten mit uns in die neuen Tage wandern, königlich im Rauschen der Zeit und im Sternenglanz der Ewigkeit und so auch ein Gleichnis für Vergangenes und für Kommendes:

> Es zieht die Zeit in drei Gestalten.
> Sie ziehn in stiller Majestät.
> Das Gestern geht.
> Das Heute geht.
> Das Morgen geht
> und sind nicht aufzuhalten.
>
> Sie sind uns nah und wandern ferne,
> drei Könige, ernst und abgewandt
> aus Gestern-Land,
> aus Heute-Land,
> aus Morgen-Land
> ziehn hin zu Bethlehems Sterne.

ÜBER BETHLEHEM

»Und sie gebar ihren ersten Sohn«, so heißt der zentrale Satz in der Weihnachtsgeschichte. Wann war das? Zur Zeit des Königs Herodes, der doch schon im Jahr vier vor Christus starb? Irgendwann zur Zeit des Kaisers Augustus? Und wann genau ist dann diese zweitausendste Wiederkehr zu feiern: in der kommenden Silvesternacht oder erst in der darauf folgenden? Wenn wir ehrlich sind, müssen wir sagen: Wir wissen es nicht. Viel genauer dagegen antwortet das Evangelium auf die Frage: Wo? »Da machte sich auf auch Joseph ... zur Stadt Davids, die da heißt Bethlehem.« Den Ort kennen die Evangelisten und die Hirten auch: »Lasst uns nun gehen gen Bethlehem.« Immer wieder in der Weihnachtsgeschichte dieser Name – ein Ort in der Zeit, ein fester Platz im Wechsel der Jahrtausende. Wenn dieser Name genannt wird, öffnet sich der Horizont der Zeiten von früher Vorzeit bis heute. Denn von Bethlehem reden heute auch die Fernsehberichte: Die Stadt liegt im Autonomie-Gebiet der Palästinenser und die jüdischen Siedlungen in Bethlehems Umland geben den Friedensverhandlungen Probleme auf – heutige Zeit- und Konfliktgeschichte. Zugleich aber ist es ein Ort mit weit zurückreichender großer Vergangenheit. Es ist die Stadt Davids; denn der spätere König ist dort aufgewachsen, und Jesse – »Von Jesse kam die Art« – war sein Vater, ein Viehzüchter in Bethlehem. Ja, viel früher noch wird dort dem Erzvater Jakob sein jüngster Sohn Benjamin geboren, und Rahel, seine Mutter, findet dort ihr Grab. Später rühmt der Prophet Micha diese Stadt: »Aus dir soll mir kommen, der in Israel Herr sei.«

Zu all dem kommt für mich noch ein anderes Bethlehem: das Bethlehem meiner Kindertage. Das ist der Ort der Krippenspiele und der deutschen Weihnachtsbilder. Maria und Joseph klopfen an verschlossene Türen, und Bethlehems Stall liegt zwischen verschneiten Tannen. Und da höre ich wieder: »Ihr Kinderlein, kommet ... in Bethlehems Stall!« Und sehe uns dabei ins Weihnachtszimmer ziehen, wo er unter dem Lichterbaum aufgebaut ist, und »die redlichen Hirten knien betend davor«. Inzwischen freilich sind viele von uns selber in Bethlehem gewesen. Und ich erinnere mich jetzt, wie ich am Fenster des palästinensischen Hotelzimmers stand früh am Morgen hoch über der Stadt, wenn die Stimme des Muezzin über die Dächer tönt, ein Hupkonzert in einer verstopften Gasse beginnt und bald auch der Busfahrer vor unserm Hotel hupt, um die Reisegruppe zum Aufbruch zu mahnen.

Bethlehem – ein Ineinander also von verschiedenen Ebenen und Zeiten, von heiliger Tradition und aktueller Weltpolitik, von Kindheitsträumen, Touristenerinnerung und Gottesgeschichte. So verwirrend dies wirken mag, es trifft genau den Kern der Weihnachtsbotschaft. Denn wenn es heißt »Das Wort ward Fleisch und wohnte unter uns« und »Gott wird Mensch, dir Mensch zugute«, dann ist genau dieses gemeint. Die frühen Griechen dachten noch, ihre Götter hätten ihre eigene Geschichte, die die unsre nur hin und wieder streift. Aber die Botschaft der Bibel sagt uns: In dieses Knäuel von gelebter Menschenzeit, von Einst und Jetzt begibt Gott sich selber hinein. Der Schöpfer der Welt, der Herr der Jahrtausende, dort will er uns begegnen. Aber was wird uns damit zugemutet? Der heilige Ort Bethlehem wird zu einer normalen modernen Stadt mit Märkten und Polizeistationen. Das Heilige Land wird zu einem profanen Staat mit wechselnden Regierungen. Und die Heilige Nacht rückt in die unendliche Reihe der alltäglichen Termine, die in den Kalendern und Zeittafeln verzeichnet sind. Der heilige Ort wird ein gewöhnlicher, das Heilige Land wird ein profanes, die Heilige Nacht wird alltäglich.

Zugleich freilich rückt damit dies alles auch unserm eigenen Alltag näher. Der Prophet Micha zum Beispiel, der so Schönes über Bethlehem zu sagen wusste, hat seinerzeit auch bitter geklagt: »Die Reichen tun viel Unrecht.« – Er klagte schon damals erbarmungslosen Reichtum und rücksichtslose Macht an; denn er wusste: Ein Volk auf solchem Weg hätte keine

Zukunft. Schon damals also aus seinem Mund ein »Wort zur wirtschaftlichen und sozialen Lage« seines Volkes. Oder wenn der Kindermord von Bethlehem nicht nur in die heilige Geschichte gehört, wenn er auch Welt- und Profangeschichte ist, dann rücken uns auch die ermordeten Kinder der Shoa vor Augen, deren Namen Tag für Tag in Yad Vashem ausgerufen werden, und die Straßenkinder Südamerikas, die der Hunger und die Schnüffel-Droge umbringt, und die Kindersoldaten Afrikas, die die Opfer der heute dort Mächtigen werden: Kindermord in unsern Tagen. Und wenn selbst das traute, hochheilige Paar zur profanen Alltagsgeschichte gehört, dann sehen wir an ihrer Seite all die Familien, die heute auf den Landstraßen vieler Länder unterwegs sind und ihre Kinder in Notunterkünften zur Welt bringen, wickeln und in den Schlaf singen müssen. Das Bethlehem des Propheten und der Evangelien rückt nahe an unsre Gegenwart.

Damit verliert diese heilige Geschichte vielleicht etwas von ihrem Zauber, von ihrem Weihnachtszauber – aber was liegt daran? Sie gewinnt dafür eine eigene tiefe Botschaft, sie weiß ein Geheimnis. Denn sie ist damit keineswegs ins Allgemeine und Verwechselbare aufgelöst. Sondern wie das Heilige eingegangen ist in einen normalen Ort, in ein profanes Land, in eine alltägliche Nacht, so macht es nun alle Orte dieser Erde, all ihre Länder, ihre Tage und Nächte zu einer Wohnung Gottes und heiligt sie alle durch Gottes Gegenwart. Seit Christi Geburt weiß die Menschheit: Kein Ort dieser Erde ist heillos. Kein Land ist gottverlassen. Keine Zeit ist ohne seine Gegenwart. Sie sind zugleich normal und doch geheiligt, zugleich profan und doch gesegnet, zugleich alltäglich und doch im Morgenglanz der Ewigkeit.

Wie wäre sonst Christi letztes Wort auf Erden zu verstehen, das die letzte Jahreslosung in dem zu Ende gehenden Jahrtausend war: »Siehe, ich bin bei euch alle Tage bis an der Welt Ende.«? Das Ende der Welt – wann wird das sein? »Da machte sich auf auch Joseph« – wann ist das gewesen? Den Tag wissen wir nicht. Was war und was kommt – wir geben ihm Namen und Fristen und zählen Tage und Jahre nach unserm Maß. Aber dies wissen wir: Dass Gott, für den tausend Jahre sind

Geburt Christi
Schnitzaltar von 1507 von Hans Gottwald von Lohr
aus der Kirche in Keilhau bei Rudolstadt
Angermuseum Erfurt

wie ein Tag, alle Zeit in seiner Hand hält, dass er mit uns ist an jedem neuen Tag, in jedem neuen Jahr, jedem neuen Jahrtausend. Und dies, weil er selbst eingegangen ist in die Geschichte seiner Menschheit – an einem Ort für alle Orte, zu einer Zeit für alle Zeiten, in einer Nacht für alle Ewigkeit.

Über die Zeit

»Es begab sich aber zu der Zeit«, so beginnt die biblische Weihnachtsgeschichte. Alles begibt sich zu irgendeiner Zeit, der Steinzeit, der Goethe-Zeit, der Nachkriegszeit, in der Jugendzeit, der Sommerzeit, der Weihnachtszeit. Wir leben in der Zeit. Wir haben Zeit. Wir nehmen uns Zeit. Wir vertreiben uns die Zeit. Wir versuchen, uns das unendliche Meer der Zeit überschaubar zu machen, indem wir Linien ziehen und Raster darüber legen: Zeit-Tafeln, Kalender, Zifferblätter unserer Uhren. Wenn sie runde Zahlen anzeigen, die volle Stunde, den runden Geburtstag, das Millennium, stellen wir uns vor: Hier ist ein Einschnitt in der Zeit, jetzt beginnt etwas Neues. Und wir wissen doch: Die Zeit läuft still und beständig weiter und über all das ungerührt hinweg.

Johann Gottfried Herder, Dichter und Theologe in Goethes Weimar, weiß: »Wie Schatten auf den Wogen schweben und schwinden wir und messen unsre trägen Tritte nach Raum und Zeit und sind – und wissen's nicht – in Mitte der Ewigkeit.«

Da kommt nun der in den Blick, der nicht in der Zeit lebt: der Ewige, der Ur-Frühe und Letzt-Späte, wie der alte weise Jude Martin Buber ihn genannt hat – Gott. Vor ihm, so singt der Psalm, sind tausend Jahre wie ein Tag. »Du lässest sie dahinfahren wie einen Strom.« Hier ist Gott gedacht wie einer, der ruhig am Ufer der Zeiten sitzt und den großen Strom der Generationen an sich vorbeiziehen lässt. Hin und wieder taucht da wohl ein kleiner Mensch aus den Fluten hoch, schüttelt wohl auch mit prometheischer Geste die Faust gegen das Ufer und ruft etwas wie: »Bedecke deinen Himmel, Zeus, mit Wolkendunst!« Oder auch: »Gott ist tot.« Aber ehe der am Ufer sitzende Herr seiner noch recht ansichtig geworden ist, ist der schon vorbeigespült und zieht mit dem großen Strom ins

Gewesene, neue Geschlechter fluten heran. Und der Herr sitzt ruhig am Strom und sieht auf sie hin.

Und nun berichtet das Weihnachtsevangelium: »Es begab sich aber zu der Zeit.« Gott wird Mensch. Euch ist heute der Heiland geboren. Gott kommt in die Zeit.

Dies ist ein wirklicher Einschnitt in den Ablauf der Zeit, den Ablauf der Weltzeit – nach dem Glauben der Christenheit der einzige, der diesen Namen verdient. Denn seitdem gilt: Gott hält die Zeit nicht nur wie eh und je in seinen Händen – »Der du die Zeit in Händen hast« –, sondern er tritt in sie ein, er kommt in ihr vor – »Nun komm, der Heiden Heiland« –, er kommt, als die Zeit erfüllt war, zur Welt.

Daran wollten die Menschen sich erinnern, als sie eines Tages beschlossen, ihre Jahre von nun an als Jahre nach Christi Geburt zu zählen. Und ob wir sagen wie unsere frommen Väter »Anno Domini« – im Jahr des Herrn, oder wie eine nüchterne Generation heute lieber sagt »Nach der Zeitwende« oder »Nach unserer Zeitrechnung« – es kommt immer auf dasselbe hinaus: Von diesem Zeitpunkt an kann die Menschheit damit rechnen, dass Gott unmittelbar in unserer Zeit anzutreffen ist, die Zeit nicht nur lenkt, sondern sie selber erlebt hat und mit uns teilt.

Dies will Lukas deutlich machen, wenn er die Weihnachtsgeschichte mit den Worten beginnt: »Es begab sich aber zu der Zeit.« Zu welcher Zeit? Wir bekommen eine doppelte Antwort.

»Zu der Zeit«, genau übersetzt muss es heißen »in jenen Tagen« – das bezieht sich auf das, was im Kapitel vorher berichtet wird: Elisabeth, Marias Verwandte, erwartet ebenfalls ein Kind. Die beiden Schwangeren besuchen einander sogar – »Über's Gebirg Maria geht« –, dann wird Elisabeths Sohn Johannes geboren. Also eine sehr private, eine intime Geschichte, in der man die Monate nachrechnet und die Tage bis zur Kindgeburt zählt, Familienereignis, Lebensgeschichte – »in jenen Tagen«. Dazu aber kommt die andere Sicht: »zu der Zeit, als Cyrenius Land-Pfleger«, als er Gouverneur in der römischen Provinz Syrien war – und wäre Lukas militärisch mehr interessiert gewesen, hätte er auch schreiben können: als

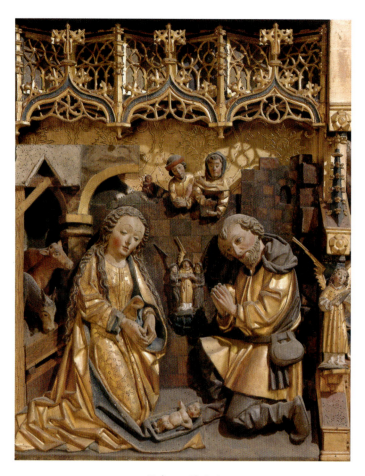

Geburt Christi
Schnitzaltar von 1491, Erfurter Werkstatt
Bonifatiuskirche in Sömmerda

Quintilius Varus in jener Provinz Befehlshaber der Truppen war, der fällt später im Teutoburger Wald in Germanien. Und all das zur Zeit des Kaisers Augustus – hier kommt also Politik in den Blick, Zeitgeschichte, Weltgeschichte. Dies sind die beiden Koordinaten der Weihnachtsgeschichte: die persönliche Lebensgeschichte und die damalige Weltgeschichte. An genauer Datierung, an zuverlässigen Jahreszahlen ist Lukas dabei nicht interessiert; heute bedauern das alle, die gern wüssten, wann nun wirklich zweitausend Jahre seitdem um sind. Interessiert ist Lukas an der allgemeinen Weltlage, wie sie damals aussah, und zugleich am häuslichen Bereich, an der Familiengeschichte, in die dies Kind hineingeboren wird. Denn genau dies beides bestimmt auch unsere Zeit, manchmal eng miteinander verknüpft, zu anderer Zeit für uns ziemlich weit auseinander: Es geschah zu der Zeit, als Jenas Innenstadt in Flammen stand, als der Runde Tisch zusammenkam oder auch als Johannes Rau Bundespräsident war. Und in jenen Tagen, als der Großvater krank wurde, als unser Christoph geboren wurde, als ich dich kennen lernte. Aktuelle Weltgeschichte und persönliche Lebensgeschichte: unsere Zeit.

Aber wie immer man es dreht und deutet: All diese Zeit ist nun Zeit nach Christi Geburt, nach Gottes Kommen in die Zeit. Und da diese Tatsache aus der Welt- und Menschengeschichte in alle Zukunft nicht mehr herauszubringen ist, ist alle Zeit – auch die unsere – nun bestimmt und angefüllt von seiner Gegenwart, von seinem Anspruch und von seiner Verheißung. »Die Zeit ist erfüllt«, als Jesus später zu predigen beginnt, beginnt er es mit diesen Worten. »Die Zeit ist erfüllt.« Sie ist auch erfüllt von Grauen und Krieg, von Scheitern und Angst. Aber seit der Nacht von Bethlehem ist sie zugleich erfüllt von Gottes väterlichem, von Christi brüderlichem Ruf zu Schwesterlichkeit und Brüderlichkeit und von seiner Verheißung, dass er mit uns geht durch die Zeiten, alle Tage bei uns bis ans Ziel unseres Lebens. Damit aber wird die Zeit, die auf Erden uns gegeben ist, aus einem Rahmen unseres Lebens zu einem anvertrauten Gut. Wir können sie totschlagen oder in Dienst stellen. Wir können einander Zeit stehlen und können einander Zeit schenken – und Weihnachtszeit zu allererst. Hast du

Zeit für mich?, werden wir gefragt. Für wen haben wir Zeit? Wer braucht sie? Und lassen wir uns nicht verführen durch die falsche Behauptung: Zeit ist Geld. Kauf dir was Hübsches, aber lass mich in Ruhe. Zeit ist etwas anderes als Geld, etwas viel Wertvolleres, weil sie unwiederbringlich und immer einmalig ist, und etwas, das wir nicht nur für uns selber haben, weil sie auch uns immer nur geschenkt wird. Zeit ist unser größter Reichtum und unsere wichtigste Verantwortung.

Es begab sich aber zu der Zeit, in jenen Tagen. Über die Flut der Jahre und Jahrhunderte hinweg winken sie uns zu: Maria und Joseph und das Kind. Sie sind weit von uns entfernt, und sie sind doch an unserer Seite; denn wir sind mit ihnen gemeinsam in derselben Zeit, der Zeit nach Christi Geburt, in der die Uhren schlagen, die Sternbilder wechseln und die Jahrtausende einander ablösen und über der doch seit jener Nacht groß und deutlich der Morgenglanz der Ewigkeit steht, der Aufgang aus der Höhe, ein fernes Leuchten vom ersten Schöpfungstag.

Über die Hirten

»Und es waren Hirten in derselben Gegend auf dem Felde«: Im Krippenspiel oder in der Weihnachtserzählung stehen diese Hirten meist für eine verzagte, frierende Menschheit. »Ach«, sagen sie, »wie kalt ist die Nacht hier auf dem Feld! Wie hart ist das Leben!« Zu Jesu Zeit waren die Hirten tatsächlich in aller Regel arme, schlecht entlohnte Tag- und Nachtarbeiter. Zudem waren sie gering angesehen, galten als Leute, die es zu nichts gebracht hatten und denen man nicht über den Weg trauen durfte. In Bethlehem können wir sie uns also vorstellen, unter dem südlichen Sternenhimmel vom großen Glück träumend, vom steilen Aufstieg wie bei jenem König David, der doch auch einmal als Hirtenjunge angefangen hat genau hier in Bethlehem, vielleicht aber auch dumpf und zornig über Plänen brütend, wie man Abhilfe gegen all die Ungerechtigkeit dieser Welt schaffen kann. Am besten freilich stellen wir uns eine ganz normale Arbeitsnacht vor mit den gewohnten Handgriffen und Schlafpausen ohne tiefgründige Gedanken und Gespräche, Alltag und Nachtschicht wie in tausend anderen Tagen und Nächten.

Und in diese Nacht hinein also der Ruf Gottes, die große Unterbrechung des Gewohnten. Auch für uns ist Weihnachten solch eine Unterbrechung des Alltäglichen und des Allnächtlichen, aber wir kehren spätestens Anfang Januar seufzend in unsern gewohnten Alltag zurück mit seinen alten Problemen und nun noch mit seinen neuen Ängsten. Anders diese Hirten: Auch von ihnen heißt es zuletzt: »Und die Hirten kehrten wieder um.« Aber sie sind andere geworden. Sicher haben sie auch in den darauf folgenden Tagen und Jahren auf dem Feld ihre Herden gehütet in derselben Gegend oder in einer anderen. Aber das muss nicht erzählt werden. Erzählt wird vielmehr, dass sie von jetzt an überall das gehörte Wort aus-

Verkündigung an die Hirten
Detail aus dem Flügelaltar (1553) von Lucas Cranach
Stadtkirche St. Peter und Paul in Weimar

breiteten und dass sie Gott lobten und priesen. Man kann sich verwunderte Nachbarn vorstellen, kopfschüttelnde Verwandte, die sich fragen: Was ist denn in die gefahren? Denn »alle, vor die es kam, wunderten sich«. Man kann sich die folgenden Hirtennächte am Feuer ausmalen: Nicht mehr das alte Lied »Wie kalt ist die Nacht! Wie hart ist das Leben!«, sondern »Singt dem Herrn ein neues Lied«.

Was ist inzwischen mit ihnen geschehen? Welche Unterbrechung des Bisherigen? Zuerst war das sicher eine eher bestürzende Erfahrung. Es war beruhigend zu denken: Der Kaiser ist weit, und Gott ist irgendwo jenseits der Zeit. Und nun plötzlich die Gewissheit: Gott hat jetzt mich im Blick. Ich bin gemeint. Seine Ewigkeit weht unheimlich in mein eigenes Leben hinein. »Schöpfer, wie kommst du uns Menschen so nah!« Das ist vielleicht die Erfahrung, die wir am Ende unserer Tage alle einmal machen werden, wenn Gott zu uns sagt: »Es ist Zeit für dich; komm wieder, Menschenkind!« Dann heißt es auch von uns: Sie fürchteten sich sehr.

Und was für eine Erfahrung, wenn der Engel nun sagt: »Fürchtet euch nicht! Hier ist nicht Ende, hier ist Anfang.« Die Stimme des Gottesboten sagt ihnen, welch gute Stunde die Uhr der Welt geschlagen hat. Der Heiland ist geboren, der die Welt heilen kann. Die Ehre, die Herrlichkeit Gottes ist im Kommen und mit ihr endlich der Frieden für all seine Menschen.

Erstaunlich bleibt freilich das ungeheure Vertrauen, das die Hirten der Weihnachtsgeschichte in diese Botschaft setzen. Im Grunde ist es ja lediglich eine Behauptung: Großes ist im Gang in euern Tagen und Nächten. Ihre erste Reaktion ist noch verständlich, die Eile, mit der sie sich auf den Weg machen, die Sache mit eigenen Augen zu überprüfen. Aber was sie finden, ist weder die geheilte Welt noch die Herrlichkeit Gottes noch die befriedete Menschheit, sondern nur Maria und Josef, dazu auch das Kind, in der Krippe liegend. Wieso hat dieser eher alltägliche, gerade in ihrer armseligen Hirtenwelt wohl ziemlich normale Anblick für sie eine solche Überzeugungskraft? Müsste man nicht sagen: Diese offenbar sehr arme Familie im Viehstall beweist tatsächlich überhaupt nichts?

Wenn wir so denken, haben wir die Botschaft des Engels nicht genau genug gehört. Denn der hatte gesagt: »Und das habt zum Zeichen!« Daran werdet ihr es erkennen. Was die Hirten also haben und was ihr Leben zutiefst verändert, das ist ein Doppeltes: die große Botschaft und das unscheinbare Zeichen. Und genau dies haben auch wir, die Christenheit, die Menschheit von heute. Wir wissen sicher ungleich mehr als jene Hirten von dem, was dies Kind später in die Welt gebracht hat, von seinem Leben unter dem König Herodes und seinem Leiden unter Pontius Pilatus. Aber die große Botschaft, dass damit aller Welt Erlösung naht, dass der Frieden und das Reich Gottes trotz allem im Kommen ist, das ist daraus nicht zu erschließen. Das muss uns gesagt werden, und das wird uns gesagt, wo dies Wort ausgebreitet wird, »welches zu ihnen von diesem Kind gesagt war«.

Aber zu diesem Wort haben auch wir die Zeichen, jene Zeichen, die nichts zu beweisen scheinen und doch alles beglaubigen, die Zeichen der Zeit und Signale der Gegenwart Gottes. Wo Kranke geheilt werden in der Liebe Christi, Blinde wieder sehen und Arme gute Nachricht empfangen, da sprach man schon zu Jesu Zeiten und in den Tagen seiner Apostel von den mitfolgenden Zeichen, die ihre Botschaft beglaubigten. Da ist heute mit dem Diakonischen Werk, mit Brot für die Welt und der Christoffel-Blindenmisson die Welt noch nicht geheilt, aber damit sind doch Zeichen aufgerichtet. Und wenn die Junge Gemeinde heute wieder Mahnwachen hält und Kerzen für den Frieden anzündet, sind damit Terror und Krieg nicht aus der Welt, aber das leuchtende Hoffnungszeichen ist in Gottes Namen in die Nacht gestellt. Und wenn die Gemeinde beim Abendmahl die Gegenwart Christi feiert, dann geschieht dies durch sein Wort, und es geschieht – und das habt zum Zeichen – in Brot und Wein, die wir miteinander teilen. Ebenso wo ein Mensch, Kind oder Erwachsener, in der Taufe von Gott bei seinem Namen gerufen wird »Du bist mein«, da geschieht dies durch das Wort der Botschaft, und es geschieht – und das habt zum Zeichen – durch das Wasser der Taufe. Vor all dem aber wird der Täufling mit dem wichtigsten Zeichen der Christenheit gezeichnet: mit dem Zeichen des Kreuzes. Denn das Kreuz Christi ist Gottes Zeichen für diese Welt: »Also hat Gott die Welt geliebt«, sagt die Botschaft des Evangeliums, auch unsere verworrene und bedrohte Welt von heute – »und das habt zum Zeichen«.

Und jetzt erinnern wir uns, dass das Krippenkind sich später selbst unter all den Hirten der Alltags- und der Weltgeschichte im Zeichen des Kreuzes als einen Hirten bezeichnet hat: »Ich bin der gute Hirte. Der gute Hirte lässt sein Leben für die Schafe.« Ehe er auch nur eins von ihnen preis- und verlorengibt, gibt er sich selber preis; »Denn ich kenne die Meinen«, sagt er, »und bin bekannt den Meinen.« Und darum singen die Hirten ein neues Lied, loben und preisen Gott. Denn sie wissen von nun an: Wenn sie mit ihren Herden durch das Land ziehen und durch die Jahre ihres Lebens, wandert einer an ihrer Seite und geht ihnen voran und kennt den Weg, und führt auch uns durch die Jahrtausende auf rechter Straße um seines Namens willen. Und wenn auch in mein Leben der Hauch der Ewigkeit hineinwehen wird »Komm wieder, Menschenkind«, muss ich kein Unglück fürchten; »denn du bist bei mir. Dein Stecken und Stab trösten mich«. Das ist seine Zusage für euch alle, sagt Gottes Bote. Und das habt zum Zeichen: das Kreuz des guten Hirten, wie einst jene Hirten das Kind, in Windeln gewickelt und in einer Krippe liegend.

Flucht nach Ägypten
Tafelbild von Lorenzo Monaco um 1405
Staatliches Lindenau-Museum Altenburg

ÜBER DEN VATER JOSEF

Wenn die Zeitungen in unseren Tagen von Bethlehem berichten, dann berichten sie von blutigen Kämpfen, von Terroristen und von auffahrenden Panzern. Genau dorthin ist vor zweitausend Jahren ein Mann mit seiner Frau unterwegs gewesen: Josef. »Da machte sich auch auf Josef aus Galiläa« – so beginnt die Weihnachtsgeschichte des Lukas; dort aber ist es eine sanfte und freundliche Geschichte.

Sie erzählt von einem Zimmermann, einem Schreiner, einem Bauhandwerker mit einer schwangeren jungen Frau. Kaum in Bethlehem angekommen, bringt sie ein Kind zur Welt. »Maria und Josef betrachten es froh.« Acht Tage später werden sie mit ihm nach Jerusalem gehen zur Beschneidung, wie es für den frommen jüdischen Vater selbstverständlich ist.

Später, wenn der Junge herangewachsen ist, wird dieser Josef mit Frau und Kind aufs Neue in den Tempel wandern. Ausdrücklich wird berichtet, dass aus ihm ein gehorsames Kind geworden ist und dass der Sohn des Zimmermanns selber ein Zimmermann wird. Inzwischen sind auch jüngere Brüder und Schwestern hinzugekommen. So weit – so gut: eine freundliche, eine Segensgeschichte.

Was dieser noch kleinen Familie aber damals in Bethlehem weiter geschah, ehe sie endlich nach Nazareth zurückkehren konnte, das erzählt Matthäus, der andere Evangelienschreiber. Und hier kommen schon damals aus Bethlehem die bestürzenden Nachrichten: von getöteten kleinen Jungen und ihren weinenden Müttern. Die Weihnachtsgeschichte ist nur halb erzählt, wenn verschwiegen wird, wie hier eine fromme, freundliche kleine Handwerkerfamilie in den Strudel der Weltpolitik gerät, der Machtpolitik, Gewaltpolitik, der Massenmordpolitik. Sie bricht über diesen Josef aus Galiläa herein, bedroht ihn mit Frau und Kind, reißt ihn plötzlich in ihren Sog.

Das beginnt ja schon damit, dass hier der römische Kaiser alle Welt in Bewegung setzt, eine globale Bewegung mit dem Ziel, »dass alle Welt geschätzt würde«, dass alle sich in die Steuerlisten eintragen lassen: wer einer ist und was er zahlen kann, welchen Landbesitz er etwa hat am Stammort seiner Familie mit welchen Quellen darin: Wasserquellen, Milch- und Honigquellen, Ölquellen. Es geht auch damals schon um globale Wirtschaftsinteressen. Die historische Wissenschaft notiert manches etwas anders; aber unsere Erzählung hat auch etwas anderes im Blick: Das ist nicht vor allem die exakte römische Zeitgeschichte von einst, sondern das ist der Lauf der Welt zu allen Zeiten, von dem hier die Rede ist.

Denn jetzt wird erzählt, wie Josef in Bethlehem von einem warnenden Engel träumt: Dein Kind ist in Todesgefahr – Angstträume eines erschrockenen Vaters damals wie heute, beunruhigende Vorahnung. Nachts nimmt er Frau und Kind und flieht aus der tödlich bedrohten Region durch den Gaza-Streifen und über die Sinai-Halbinsel nach Ägypten. Da freut sich die ganze Hörerschaft dieser Erzählung, wie Josef mit seiner Familie noch im letzten Augenblick den Nachstellungen glücklich entwischt.

Wir aber fragen uns heute zugleich: Wie ist es der Familie dort ergangen, den ungebetenen Flüchtlingen, den Asylsuchenden in fremdem Land? Was haben die Grenzwächter gesagt, als Josef mit Frau und Kind durchwollte? Was die Ansässigen, als er sich da oder dort eine Zeit lang niederlassen wollte? Was die Innungsmeister, als er nach Arbeit, nach Lohn und Brot für seine Familie fragte? Und selbst ganz am Ende seiner Weihnachtsgeschichte berichtet Matthäus noch, dass Josef, als die Lage daheim sich etwas entspannt hatte, einen großen Bogen um Bethlehem machte; in Nazareth sind sie etwas sicherer.

Das ist der Lauf der Welt – damals wie heute. Die Weihnachtsgeschichte erzählt also von einem Mann, der in diesem Lauf der Welt alle Hände über dies Kind gehalten hat, über dies Kind und seine Mutter. »Ach Josef, lieber Josef mein, ach, hilf mir doch wiegen mein Kindelein«, hilf mir retten mein Kindelein, vor Mord und Verhungern bewahren mein Kindelein! Josef, hilf! Und Josef hilft.

Das Entscheidende aber ist mit alldem noch nicht zur Sprache gekommen. Es geht in dieser heiligen Geschichte ja nicht nur um den Zimmermannssohn, wie die Leute in Nazareth ihn nennen werden, es geht im Evangelium um den Gottessohn. »Gottes Kind, das verbind sich mit unserm Blute.« Christ, der Retter, ist da. Damit aber berichtet die Weihnachtsgeschichte nichts Geringeres als dies: Hier rettet in diesem Erdenkind einer den Retter der Welt. Hier hält einer alle Hände über den, von dem es heißt: Er hält die ganze Welt in seiner Hand. Und wenn es immer Engel sind, also Boten Gottes, die dem Josef den nächsten Schritt zeigen, dann soll das offenbar sagen: Der Mutter und Kind durch die Gefahren hindurchführt, ist zuletzt selber der Geführte. Der Zimmermann wurde zum Werkzeug in Gottes Hand.

So tief lässt sich Gott in unser Menschenleben und -schicksal ein, dass er als hilfsbedürftiges Kind eines Josef bedarf wie am Ende als Kreuzschleppender eines Simon von Kyrene. Und der als Kind in der Krippe lag, wird später deutlich machen, dass sich daran nichts ändert bis in unsere Tage. »Wer solch ein Kind aufnimmt in meinem Namen«, wird er sagen, solch ein zufälliges Straßenkind, das er in die Mitte seines Jüngerkreises stellt, »der nimmt mich auf« – in Tschernobyl und Afghanistan, in unserer Nachbarschaft und in unserer Familie. »Ich bin hungrig und ein Fremder gewesen«, wird er sagen, »und ihr habt mir beigestanden« – auch in eurer Zeit, wenn ihr etwas getan habt für die hungernden Kinder der Erde und für die fremden Kinder in euerm Land. Ich habe euch gebraucht wie den Josef zu seiner Zeit.

So richtig das ist, Retter der Welt werden wir dadurch nicht, sondern das bleibt er. Sonst müssten wir verzweifeln mit den Tropfen unserer kleinen Kraft auf den glühend heißen Stein unserer Erde. Aber erinnern wir uns: Da war doch schon ein Josef Jahrtausende vor jenem Zimmermann aus Galiläa, Urenkel Abrahams und Jakobs Sohn. Ganz am Ende seiner Geschichte erkennt schon damals jener andere Josef, der vom Hochmut Getriebene, vom Bruderhass Verfolgte, von Verleumdung und Bosheit Getroffene und doch von Gott Geführte die große Wahrheit seines Lebens: »Ihr gedachtet es böse mit mir zu machen; aber Gott gedachte es gut zu machen. So fürchtet euch nun nicht.« Eine uralte Erfahrung des Gottesvolkes, neu bestätigt in der Weihnachtsgeschichte, auch in der Kirchengeschichte. Und sie wird nach Jesu Verheißung endgültig Recht behalten auch am Ende der Weltgeschichte. Denn sein ist die Kraft und die Herrlichkeit, wie groß unsere Furcht und wie klein unsere Kraft auch immer sein mögen.

Bruder Josef, Vater Josef – wir grüßen ihn über die Jahrtausende hinweg: Werkzeug Gottes in frühen Tagen, beschützter Schützer und geretteter Retter, mit seiner kleinen Kraft Werkzeug Gottes zum Heil unserer Welt.

ÜBER DEN CHRISTUS

Alle feiern Weihnachten. Aber wer weiß noch, warum wir Weihnachten feiern? Eine Zeitung hat eine Umfrage bei Schulkindern gemacht. 39 Prozent der 6- bis 12-Jährigen in Deutschland wussten darauf überhaupt keine Antwort. Ein Mädchen sagt: »Weil es immer so war«, ein Junge: »Damit die Kinder Geschenke kriegen«, ein anderer: »Weil die Oma kommt.« Als ich ein Schuljunge war, herrschte in Deutschland Hitler mit seinen Leuten. Wir sollten einen Aufsatz schreiben zum Thema: »Warum feiern wir Weihnachten?« Wir wussten alle – auch ich –, was hier erwartet wurde, und schrieben Verschwommenes über Wintersonnenwende, arischen Urväterbrauch und »hohe Nacht der klaren Sterne«. Zu Hause, am Mittagstisch erzählte ich lachend von einem aus unserer Klasse, einem auf den hintersten Bänken, der geschrieben hatte: »Wir feiern Weihnachten, weil Christus geboren ist.« Und das hatte der in seiner Einfalt Herrn Langenhagen, SA-Mann und unserm Klassenlehrer, angeboten. Nie vergesse ich, wie erstaunt und traurig unser Vater sagte: »Aber das ist doch wahr. Hat der Gerhard als Einziger die Wahrheit geschrieben?«

Der Engel in der Heiligen Nacht nennt ja sehr genau den Grund für die große Freude: »Euch ist heute der Heiland geboren, welcher ist Christus.« Im Grunde weiß unsere heutige Umgangssprache das auch noch. Sie redet vom Christbaum – der ist der schönste Baum – und vom Christkindl-Markt in Nürnberg. Zumindest in der Musik, die durch die Kaufhäuser und Budenstraßen tönt, wird der Name Christi in der Weihnachtszeit überall hörbar: »Alle Jahre wieder kommt das Christuskind.« Und nirgends darf in diesen Tagen das Lied von der stillen, Heiligen Nacht fehlen: vom Kreuzchor bis zu Bing Crosby singen sie über alle Sender: »Christ, der Retter, ist da.«

Aber wer weiß noch, wer das ist: »Christ, der Retter«? Wer ist dieser Christus? Die Hirten in Bethlehem, von denen Lukas berichtet, und auch viele Hörer und Leser dieses seines Berichtes, die wussten damals sicher Bescheid, um wen es hier ging. Da war ein altes hebräisches Wort ins Griechische übersetzt, das ihnen allen geläufig war: der Messias – auf Deutsch: der Gesalbte. »Der also«, sagten sie überrascht und erstaunt, »der also ist in unseren Tagen tatsächlich geboren.« Dies Wort hatte eine jahrhundertealte Geschichte: Als Gesalbte galten zunächst große Könige, bald auch auserwählte Priester, ja auch mit heiligem Öl gesalbte Propheten und Erzväter. Aber je weiter die Jahrhunderte voranschritten, desto mehr verdichtete sich diese Bezeichnung des Gesalbten, des Messias, des Christus, auf einen, der noch gar nicht da war, einen Erz- und Urvater, einen Hohenpriester und Ehrenkönig, der erst noch kommen sollte, einen Erhofften, Ersehnten. Darum singt später auch die Christenheit:»Die Völker haben dein geharrt, bis dass die Zeit erfüllet ward.«

In jenen Jahrhunderten wurde immer wieder einmal verkündet, dieser in allen Völkern Ersehnte sei nun wirklich gekommen; das war dann etwa ein Feldherr oder ein großer Politiker, und ganz besonders sagte man das vom Kaiser Augustus, mit dessen Namen ja die Weihnachtsgeschichte beginnt. Es hieß bei seinen Lobrednern, man müsse mit seiner Herrschaft die neue Zeitrechnung einer glücklichen Menschheit beginnen. Rom war als einzige Supermacht übrig geblieben. Die Menschheit sei damit nach allem Streit und Unverstand an ein unüberbietbares Ziel gelangt. Seitdem ist immer wieder einmal solch eine große Zeitwende ausgerufen worden nach Umbrüchen, Revolutionen und so genannten großen Männern. Aber je volltönender ausgerufen wurde, jetzt beginne das goldene Zeitalter der Weltgeschichte, desto größer war bald die Enttäuschung, und der Volksjubel nur noch eine gequälte Pflichtübung.

Auch die Engelsbotschaft von Bethlehem verkündet den Anbruch einer neuen Zeit, der Messiaszeit. Aber sie behauptet nicht, dass damit die belastete alte Menschheitsgeschichte zu Ende gegangen sei und einer ganz neuen schon Platz gemacht habe. Sondern mit diesem lang Ersehnten beginnt mitten in dieser Erdenzeit das geheimnisvolle Wachstum einer anderen Geschichte: der Geschichte des Reiches Gottes. Dieser Christus wird, zum Mann herangewachsen, ansagen, dass mit ihm dies Reich nahe herbeigekommen ist, und wird von ihm in seinen Gleichnissen reden. Seit der Stunde seiner Geburt, ob die Menschen es merken oder nicht, wächst dies Reich wie bei Nacht die Saat des Feldes. Und es liegt nun im Acker unserer Erdenzeit wie ein Schatz vergraben; einen Spatenstich unter der Oberfläche eurer Werk- und Feiertage könnt ihr auf diesen Schatz stoßen. Im Gebet zu unserm Vater im Himmel heißen wir nun täglich dies herannahende Reich willkommen: »Dein Reich komme.« Und eine neue Zukunft wächst uns hier entgegen, die Zukunft des Reiches Gottes, die nur immer größer wird und uns ins Weite tragen will. So ist dies Reich also schon unter uns und ist doch noch immer im Kommen; und auch dieser Christus ist schon in die Welt gekommen und doch auch immer noch zu erwarten. Wenn er aber kommen wird, wie unser Glaubensbekenntnis sagt, dann wird er für uns kein Fremder sein. »Ich will euch wiedersehen«, hat er seinen Jüngern gesagt, »und euer Herz soll sich freuen.« Ja, rückblickend werde ich mich dann womöglich an Ereignisse meines Lebens erinnern, an Begegnungen, an diesen und jenen geringsten Bruder. »Wie«, sage ich dann erstaunt, im Wiedererkennen, »das warst also du! Und bist schon alle Tage bei uns gewesen.«

Darum ist der Name des Christus nun auch unser eigener Name geworden: Wir nennen uns ja Christinnen und Christen, wir gehören zur Christenheit, zur heiligen christlichen Kirche. Auch deren Geburtsstunde sagt der Engel in der Heiligen Nacht also schon an. Bis in unsere Tage hinein leitet seitdem vieles seinen Namen vom unbekannt gewordenen Urheber dieses heutigen Festes, dieses Christfestes, ab. Ob ein christliches Abendland, ein Christliches Gymnasium, eine christlichdemokratische Partei den Namen Christi mit Recht führen, entscheidet sich daran, ob ihr Wurzelgrund wirklich in der Gemeinschaft derer liegt, die sich zu diesem Christus bekennen: zu seiner bedingungslosen Menschenliebe und zu

Anbetung der Könige
Gemälde von Lucas Cranach d. Ä., 1529
Wenzelskirche in Naumburg

seiner grenzenlosen Friedensliebe, zu seinem Reich der Gerechtigkeit und zu seinem Werk der Barmherzigkeit.

Die Christenheit auf Erden bemüht sich jedenfalls um all dies, und wenn es ihr in all den Jahrhunderten nur unvollkommen gelungen ist, dann hat sie den Trost, dass jedes ihrer Glieder einmal auf den Namen Christi getauft und auf diese Weise tief mit ihm verbunden ist. Wir dürfen darauf vertrauen, dass der Herr der Kirche von da an auch in unserer Schwachheit mächtig ist und auch durch den armseligen Dienst seiner Christenheit sein Reich wachsen lässt wie die Saat des Feldes in der Nacht. Wer zu dieser Christenheit gehört, hat darum viele gute Gründe, heute mit allen Sinnen Gewesenes und Kommendes zu feiern. Und mit den Schwestern und Brüdern der Jahrhunderte vereint, singen wir: »Kommt und lasst uns Christum ehren!« Und: »Christ ist erstanden von der Marter alle.« Und darum: »Freue, freue dich, o Christenheit!«

Über das Licht

In unseren Städten nehmen Jahr für Jahr die Lichter in der Vorweihnachtszeit zu. Wenn es Abend wird, leuchten in Vorgärten und auf Balkons die elektrischen Kerzen an den Tannenbäumen auf, die Schwibbögen und Kerzenreihen grüßen aus den Fenstern; die Stadt schmückt die Straße im Zentrum mit riesigen Lichterketten. Weihnachten soll offenbar zum großen Lichterfest werden.

Ich hoffe sehr, es gibt daneben und dahinter auch noch immer die kleine Kerze, die im abendlich dunklen Zimmer ihren sanften Glanz aufleuchten lässt, die zwei, drei und vier Adventskerzen, bei denen ein paar Kinder mit den Großen zusammensitzen und singen: »Es kommt ein Schiff geladen« oder auch: »Morgen, Kinder, wird's was geben … Wie wird dann die Stube glänzen von der großen Lichterzahl.« Denn nur diese kleinen Kerzen bewahren noch erkennbar das Wissen von der großen Kraft des Lichtes gegen die Finsternis. Und all dieser Lichterzauber in unsern Straßen ist ja offenbar zuletzt ein Ankämpfen gegen die Finsternis, gegen die Dunkelheit der kurz gewordenen Tage, gegen die Dunkelheit des Winters, gegen die Dunkelheit des Lebens.

Wie sollte die Bibel von all dem nicht reden? Wenn wir uns in ihr umsehen, stoßen wir allüberall auf dieses ihr großes Thema. Sie ist geradezu ein Buch der Lichter, ist ein Buch des Lichts. Schon vor Jahrtausenden »bedeckt da Finsternis das Erdreich«, die globale Welt, »und Dunkel die Völker« wie heute Krieg und Terrorismus, Hunger und Aids. Aber dann sieht ein Volk, das im Finstern wandelt, ein großes Licht: der Horizont wird hell, staunend sehen sie in den Glanz, der heraufsteigt: Da gibt es wunderbare Wendungen der Völkergeschichte und wunderbare Bilder der Hoffnung. Da grübeln Menschen verzagt über den dunkel verschlungenen Wegen ihres Schicksals, aber als sie in ihrer Thora, in der göttlichen Schrift lesen und miteinander alles bedenken, geht ihnen langsam ein Licht auf und das gelesene und bedachte Wort wird »ihres Fußes Leuchte und ein Licht auf ihren Wegen«. Da ziehen sie, ja, da ziehen wir unter dem Segen des Herrn, »er segne dich und behüte dich«; und plötzlich mit Staunen erkennen wir: Was da als Licht über uns leuchtet, das blickt uns an, das hat ein Gesicht, das ist uns zugewandt, das strahlt uns entgegen: das leuchtende Angesicht Gottes.

Über die Jahrtausende hinweg sprechen die Propheten des alten Bundes uns Mut zu: »Es wird nicht dunkel bleiben über denen, die in Angst sind«: nicht über den Hirten in Bethlehem, die sich sehr fürchten, nicht über den Leuten in unserer Stadt, die mit Lichterketten gegen die dunklen Schatten des Lebens ankämpfen. Die biblischen Weihnachtsgeschichten erzählen, wie die Dunkelheit unserer Ängste und Ratlosigkeiten überwunden wird: Der Evangelist Lukas redet von der Klarheit des Herrn, die das Verborgene und Verdrängte offenlegt und ausleuchtet. Der Evangelist Matthäus redet vom Stern, der den Weg aus den Dunkelheiten zeigt.

Ausdrücklich vom Licht aber redet der Evangelist Johannes in der dritten Weihnachtsgeschichte, die in unsern Kirchen am zweiten Christtag verlesen wird, eine Weihnachtsgeschichte in den riesigen Ausmaßen von Zeit und Ewigkeit. »Im Anfang war das Wort«, so beginnt sie. »Und das Wort war bei Gott. Und Gott war das Wort ... Und das Wort wurde Fleisch«, wurde ein Mensch »und wohnte unter uns ... In ihm war das Leben. Und das Leben war das Licht der Menschen ...«

Mit diesen Worten wird Weihnachten wirklich zum Lichterfest und zum Fest des Lebens. Hier beginnt es in unserm Leben zu leuchten. Denn so fährt Johannes fort: »Das ist das wahre Licht, das allen Menschen scheint, die in diese Welt kommen.« Ein Mensch wird geboren, er erblickt das Licht der Welt, und offenbar vergisst er diesen seinen ersten Lichtblick niemals mehr. Unser Leben lang begleitet sie uns, die Erinnerung unserer frühen Kindheit an diesen ersten großen Blick ins Licht, und durch alles Dunkel unserer Jahre geht mit uns eine Sehnsucht nach dem Leben, das dieser helle Schein

Geburt Christi
Detail aus dem Flügelaltar einer Erfurter Werkstatt (?), 1498
Erlöserkirche in Niebra

damals versprochen hat, der Kindertraum vom wahren Leben.

Vom »wahren Leben« redet nun auch die Schrift. »Leben ist mehr«, wird der in Bethlehem Geborene später seinen Jüngern sagen, »viel mehr als das, was ihr bisher kennt und aus ihm gemacht habt.« Wie er den Blinden die Augen geöffnet hat, so will er auch unsere Augen öffnen, die blind sind für die Dunkelheit, in der wir unser gottentfremdetes Leben verbringen. Es ist wie das abenddämmerige Zimmer, in dem wir die Umrisse gerade noch wahrnehmen; aber wenn einer das Licht einschaltet, erkennen wir erst, wie dunkel es dort tatsächlich schon gewesen ist.

»Ich bin das Licht der Welt«, wird Christus sagen. In meinem Wort werdet ihr die Dunkelheit der Welt erkennen und zugleich den Weg zu ihrer Überwindung. Denn »ich bin der Weg und die Wahrheit und das Leben«: der Weg, den der Stern den Weisen zeigte, die Wahrheit, die durch die Klarheit des Herrn erkennbar wird, und das Leben, das das Licht der Menschen ist und seit der Weltschöpfung das unerkannte Ziel unserer Wanderung durch die Zeit.

Und dann ist plötzlich auch von uns die Rede: »Mache dich auf«, sagt der Prophet zu uns, »werde licht«, – du selber! Und auch Christus spricht es uns zu: »Ihr seid das Licht der Welt«, – auch ihr. Ich denke, hier geht es nun um die kleinen Kerzen in den dämmerigen Zimmern. Einen kleinen Schein vom übergroßen Licht können und sollen auch wir aufleuchten lassen. Ich erinnere mich an einen orthodoxen Priester, der neben mir im Flugzeug saß, als beim Landeanflug auf Moskau die Millionen Lichter der großen Stadt unter uns sichtbar wurden. »Das ist für mich ein Gleichnis«, sagte er. »Überall da, wo Christen sind, wo ein Gebet gesprochen oder ein Text der Bibel gelesen wird, wo ein Lied zum Gotteslob gesungen wird oder einer in Christi Namen Barmherzigkeit übt, überall da leuchtet solch ein kleines Licht auf. Von oben gesehen, ist das wie ein riesiger Lichterteppich. Hier sind die Lichter gehäuft, dort vereinzelt, aber insgesamt ist es ein tröstlicher Glanz über unserer armen Erde in Erwartung des großen Leuchtens.«

Wie wird es aufstrahlen, liebe Weihnachtsgemeinde! Am ehesten fallen mir da die Klänge großer Musik ein. In Haydns »Schöpfung« singt der Chor piano und ganz gedämpft: »Und Gott sprach: Es werde Licht! Und es ward« – und plötzlich mit vollem Chor und Orchester der strahlende C-Dur-Akkord: »Licht«. Ebenso in Bachs Weihnachtsoratorium: Der Evangelist singt mit fast düsteren Tönen von den Hirten in Bethlehem: »Und sie fürchteten sich sehr.« Und dann vielstimmig der strahlende Choral: »Brich an, du schönes Morgenlicht, und lass den Himmel tagen!«

Wie am ersten Schöpfungstag und wie in der Heiligen Christnacht will auch in unser oft dunkles Leben unerwartet groß und strahlend das göttliche Licht einbrechen, das ewige Licht, das der Welt einen neuen Schein gibt: »Es leucht' wohl mitten in der Nacht und uns des Lichtes Kinder macht.«

Über die Nacht

Weihnachten – schon sein Name sagt es – ist ein Nachtfest. Sonst werden Sonn- und Feiertage gefeiert, Ge-
burtstage, Jubeltage. Heute aber wird eine Nacht gefeiert, die
Heilige Nacht, die Christnacht. Das Fest beginnt, wenn es
Abend wird, Heiliger Abend, und die Sterne heraufziehen, und
es erreicht seine Erfüllung wohl zu der halben Nacht als Stille
Nacht, Heilige Nacht. Gewiss werden gelegentlich auch andere Nächte gefeiert: Fastnacht, Walpurgisnacht – aber da wird
die Nacht aufgemischt und umgekehrt; Osternacht – aber da
wird sie schon weit auf den kommenden Ostermorgen geöffnet. In der Christnacht aber wird zuallererst das gefeiert, was
zum Wesen der Nacht gehört: ihre Ruhe, ihre sanfte Stille, ihre
Innigkeit, ihr Frieden. »Schlafe, mein Liebster«, klingt ihr Wiegenlied beim Krippenkind, »genieße der Ruh.« Eduard Mörikes
Verse malen ein schönes Nachtbild: »Gelassen stieg die Nacht
ans Land«, und die Wasser, »sie singen der Mutter, der Nacht,
ins Ohr vom Tage, vom heute gewesenen Tage.« Auch über
unsere Häuser, über unsere Städte und Dörfer beugt sich an
jedem Abend diese mütterliche Nacht. Und uns wird deutlich:
Dass jedem Tag die Nacht folgt, gehört zu den gnädigsten
Gaben Gottes. Ja, viele Tage sind nur darum durchzustehen,
weil sie endlich von der Nacht abgelöst und zur Ruhe gebracht
werden. »Schlaf, Kindchen, schlaf.«
Darum ist eine Menschheit schlecht beraten, die alles daran
setzt, die Nacht zum Tage zu machen oder zumindest den
Anteil des Tages auf Kosten der Nacht ständig zu vergrößern,
Arbeitsstunden und Nachtschichten zu gewinnen, weitere
nutzbare Zeiten, ruhelose Betriebsamkeit. Wir bringen uns
auf diese Weise um eine wunderbare Gabe Gottes; denn der
Tag, dem die Nacht gefehlt hat, ist oft nur noch die Hälfte
wert, und ein Leben, das ohne die Mutter Nacht auskommen

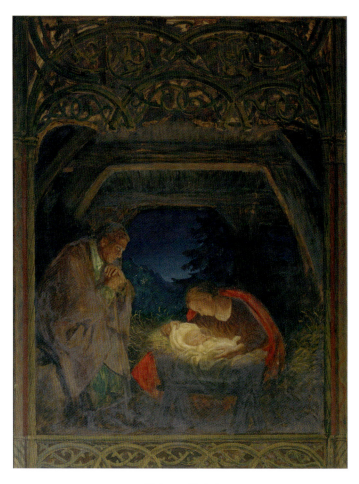

Geburt Christi
Altarbild von Rudolf Schäfer, 1943
Kapelle der Diakonissenhaus-Stiftung Eisenach

will, wird müde und taub. »Komm, Trost der Welt, du stille Nacht!«

»Es waren aber Hirten auf dem Feld, die hüteten des Nachts ihre Herden.« Da gibt es also immer auch Menschen in der Nacht, die nicht ruhen, nicht ruhen dürfen, die wachen müssen. Vieles nämlich in dieser Welt nimmt nicht Rücksicht auf den Rhythmus von Tag und Nacht: Geburt nicht und Tod nicht, Flucht nicht und Gefangenschaft nicht. Angst und Schmerz kommen mit der Nacht nicht zur Ruhe. Im Gegenteil: Wer sich einmal schwer krank durch die Schmerzen einer Nacht hindurchgekämpft hat, der weiß, wie sehnsüchtig man ihr Ende und den endlich heraufkommenden Tag erwartet. Und hier ist es nun gut, dass es Menschen gibt, die um der andern willen in der Nacht wach bleiben und sich dem Dunkel stellen: der Arzt am Krankenbett, die Mutter beim weinenden Kind, der Freund beim verzweifelten Freund, der Hirte bei seiner bedrohten Herde. So ist die Nacht auch die Zeit der Nothilfe. Denn sie ist zweigesichtig: Sie ist die Zeit der Ruhe, und sie ist die Zeit der Bedrohung.

So steht die Nacht auch für das Dunkel in unserem Leben, für seine Schatten und für alles Angstmachende. Schmerzen und Ängste wachsen in ihr oft ins Riesenhafte, und die Abendlieder unserer Voreltern singen von dieser Angst: »Hinunter ist der Sonne Schein, / die finstre Nacht bricht stark herein; / ... lass uns im Finstern tappen nicht.«

Die großen Nachtbilder der Propheten gelten auch unsern Tagen: »Denn Finsternis bedeckt das Erdreich und Dunkel die Völker«, die Völker im Sudan und in Tschetschenien, im Irak und in den Favelas Südamerikas. Nur ein paar Jahrzehnte ist es her, dass Nelly Sachs, die große jüdische Dichterin, die Bilder aus den Vernichtungslagern beschwor: »O der weinenden Kinder Nacht, der zum Tode gezeichneten Kinder Nacht! Der Schlaf hat keinen Eingang mehr.« Und beim Blick über unsern Globus überkommt uns die Angst, dass die Nachtseite des menschlichen Lebens auch heute an vielen Orten im Wachsen ist. So ist die Nacht zum Symbolwort geworden für alles, was bedrohlich über uns kommen kann und wogegen wir den Beistand des Herrn anrufen. Ein altes Gebet spricht es aus:

»Bleibe bei uns, Herr, denn es will Abend werden, und der Tag hat sich geneigt. Bleibe bei uns, wenn über uns kommt die Nacht der Trübsal und der Angst, die Nacht des Zweifels und der Anfechtung, die Nacht des bitteren Todes.«

Von solcher Nacht also redet Weihnachten, das Nachtfest, auch. Ankunft Gottes in dieser Welt heißt also: Ankunft in dieser Nacht. Der Nacht von Bethlehem wird im Leben dieses Kindes die Nacht von Gethsemane folgen, dem Lied von der stillen, heiligen Nacht wird das Passionslied entsprechen: »Christus, der uns selig macht ... ward für uns zur Mitternacht wie ein Dieb gefangen.«

Hier wird also einer geboren, der mit allen Leidenden tief hineingeht in die Nächte der Trübsal und der Angst, des Zweifels und des bitteren Todes. Die Psalmsänger des alten Bundes wussten schon, dass ihr Gott, dass unser Gott auch im Dunkeln wach bleibt und bei uns ist: »Der dich behütet, schläft nicht.« Daran haben sie sich gehalten, verzweifelt und vertrauensvoll. Und jetzt sagt Christus, der heute Geborene, auch uns: »Fürchtet euch nicht. Ich bleibe bei euch Tag und Nacht bis an der Welt Ende.« Wenn Bethlehems Hirten mitten in der Nacht für eine kleine Zeit die Welt sehen in der Klarheit des Herrn, dann erkennen sie: Hier also sind wir – in dieser kalten Welt und dieser dunklen Nacht, aber zuletzt doch in Gottes großer Hand. Das also sind wir: auf uns gestellt beim Schutz unserer Tiere und bedroht von tausend Gefahren – von nun an aber selber im Schutz dieses brüderlichen Herrn, von dessen Liebe uns nichts mehr scheiden kann. Seitdem wissen auch wir: Nacht für Nacht werden wir erwartet wie im Vaterhaus am Abend und getröstet, wie einen seine Mutter tröstet über das Leid des Tages. Und da zeigt sie wieder ihr sanftes, ihr mütterliches Gesicht – zu guter Nacht. Zu guter Nacht und zu gutem Morgen.

So halten wir Nachtwache in der Nacht der Menschheit und sehen doch all unsere Nächte schon erhellt wie die Christnacht in der Klarheit des Herrn: all unsere Nächte, die ruhigen und die schlaflosen, die guten und die geängsteten, die vorübergehenden und unsere letzte Nacht. Dann wollen wir uns erinnern an diese Christnacht und aufs Neue singen:

»Ich lag in tiefster Todesnacht, / du warest meine Sonne, / die Sonne, die mir zugebracht / Licht, Leben, Freud und Wonne. / O Sonne, die das werte Licht / des Glaubens in mir zugericht’, / wie schön sind deine Strahlen!«

INHALT

132

Der Abdruck der Fotos erfolgt mit freundlicher Genehmigung folgender Institutionen

Angermuseum Erfurt
Dompfarramt St. Marien, Erfurt
Ev. Kirchengemeinde Naumburg
Ev. Kirchengemeinde Schmalkalden
Ev. Kirchengemeinde St. Bonifatius, Sömmerda
Ev.-Luth. Diakonissenhaus-Stiftung Eisenach
Ev.-Luth. Kirchgemeinde Eisenberg
Ev.-Luth. Kirchgemeinde Weimar
Ev.-Luth. Pfarramt Berka
Ev.-Luth. Pfarramt Beutnitz
Ev.-Luth. Pfarramt Emleben
Ev.-Luth. Pfarramt Gera-Langenberg
Ev.-Luth. Pfarramt Gera-Zwötzen
Ev.-Luth. Pfarramt Marktgölitz
Ev.-Luth. Pfarramt Rudolstadt-Schwarza
Ev.-Luth. Pfarramt Tiefenort
Klassik Stiftung Weimar, Museen
Staatliches Lindenau-Museum Altenburg
Ursulinenkloster Erfurt